懂得梳理情緒的人，就擁有順利的人生

感情の整理ができる人は、
人生うまくいく

曹洞宗德雄山建功寺住持
枡野俊明 Shunmyo Masuno ——————著 賴郁婷 ——————譯

前言

讓情緒如流雲隨風飄散

人有喜怒哀樂。時而歡喜，時而悲傷，時而憤怒。每天都在面對不斷湧現的各種情緒，有時甚至會受自己的情緒所擺弄。然而，我們無法將這些情緒完全抹滅。相反的，正因為有這些喜怒哀樂，我們才能以人類之姿繼續生存。

面對這些時而浮現的情緒，要平心定氣處之，不可將心靈寄託其中。我們僧侶可以說就是為此不斷自我修行，希望可以時時以穩靜的心面對一切。這不僅是為了自己，也是為了身邊的人。

不過，即便是修行中的僧侶，當然也有情緒。也會焦慮煩躁，有時甚至也會感到憤怒。也會悲傷和痛苦。這是同樣身為人理所當然的事。但是，為什麼僧侶總是看起來如此沉穩冷靜呢？我想，這是因為我們不斷提醒自己盡可能放開情緒，不要讓自己受其所囿。

舉例來說，僧侶也會對人萌生怒氣，這是身為人非常正常的情緒。但是，我們不會馬上將這份情緒表露於外，或是發洩在對方身上。而是將情緒暫時放在心中，調整好自己的呼吸之後，再以適當的說法表達。只是這麼一個簡單的留意，原本憤怒的情緒就能緩和不少。倘若當下馬上對對方怒言相向，只會讓自己的怒火愈燃愈旺。高漲的怒氣很難獲得平復，因此為了避免這種情況，僧侶們都學會放開情緒的態度。

深陷某種情緒中而受其左右，到頭來只會讓自己的人生變得更痛苦。好比昨天工作上發生令人生氣的事，如果將這份怒氣帶到今天，今天一整天不就全泡湯了嗎？重要的是今天，昨天已經是過去的事了。緊抓著昨天的怒氣不放，等於是拖著過去不放。

活在現實中的是今天，但心卻還留在昨天。這只會讓身心分離罷了。更具體來說，這會造成身心失調。長期身心失調可能導致心身受疾病所侵。從這個意義來說，已經過去的情緒，最好還是讓它從心裡徹底消失吧。

這不只是針對憤怒和悲傷等負面的情緒，就連喜悅和快樂等正面的情緒，也要讓它如流雲般隨風飄散。例如，感到天大的喜悅是一件很美好的事，但如果一直過度沉溺在喜悅中，同樣會迷失自我。躁動的心會使人失去冷靜，甚至在不自覺中傷害到他人。因此，別讓自己沉溺於昨日的歡喜之中，就將那份喜悅收藏在心底就好。

在每天的工作和生活中，都會遭遇許多情緒。工作有成功，也有失敗。甚至多數人恐怕都是失敗多於成功。所謂的人生，是三成的成功，和七成的失敗。也就是說在人生的路上，負面情緒的發生佔多數。事物如預期發展、心情平靜安穩的機率少之又少。認知到這個事實是非常重要的一件事。

人每天都要面對負面情緒，正因為如此，更要學會和負面情緒和平相處的方法，不是嗎？所謂方法，不是表面上的技巧，而是在於自己內心的態度。

只要可以遊刃有餘地面對自己的情緒，不再感到無力招架，人生肯定會朝更美好的方向前進。

本書介紹了面對各種煩惱時該有的心態，希望可以作為各位的指引，為各位現在的煩惱、迷惘、悲傷、憤恨等情緒，帶來些許平復的作用。

建功寺住持　枡野俊明

《懂得梳理情緒的人，就擁有順利的人生》目次

2章

稍微轉移眼前的焦點，看看窗外的世界。你將會看見不一樣的風景。

3章

拋開自己的做法吧。解決問題的方法有無限的可能。

4章

你是否壓抑了自己的真心？聽聽自己內在的聲音吧。

5章

停止尋找答案吧，這世上根本沒有所謂的正確答案。

6章

不必著急，就讓一切順其自然。

1章

讓自己從常識中解脫吧。

這世上根本沒有所謂的常識或理所當然。

「現在」這一刻才是一切

——無法放下過去的失敗

中國唐代有位很有名的禪師名叫趙州從諗。據說每天都有許多和尚會登門拜訪。

其中有位和尚問他：「請問要怎樣才能開悟？」禪師的答案永遠千篇一律：「吃茶去。」

和尚於是喝了一杯茶。禪師問他：「好喝嗎？」

「非常好喝。」和尚回答。

和尚以為禪師終於要為自己解惑，沒想到禪師只是要他「回去吧」。最後，和尚沒有得到任何答案，只喝了茶就離開了。

這是一則非常知名的禪問答。禪師所要傳達的是，喝茶的時候要專心一志在喝茶上。不要東想西想，只要專注在當下正在做的事情。這就是親近悟道的方法。

這個道理可以用「喫茶喫飯」這句話來表示。意思是喝茶時專注於喝茶，吃飯時專注於吃飯。工作的時候就全心專注在工作上。這就是禪的思維。

人到頭來只能活在當下。每天流逝的時間看似連續，事實上不過是一個個當下的堆疊。

雖然有所謂過去、現在、未來的說法，不過在禪的世界裡只有「現在」。

「現在」這一刻，才是一切。

名為昨日的日子已經過去了。甚至是一分鐘前也是。轉眼間未來已經來到，隨即又在瞬間成了過去。

既然如此，**別讓自己被過去所困，也無須擔憂尚未來到的未來，只要活在**

「現在」這一刻。為「現在」投注全心全意，身後必有大道形成。

不在乎現在、生活得過且過的人，身後根本不會留下任何走過的軌跡。

再針對「專注於當下的事」進一步具體說明吧。舉例來說，據說小說家在下筆之前，都會先透過大腦寫作，邊構思內容架構，邊設計角色台詞等。

不過，一旦下筆之後，比起以作家的身分寫作，早在不自覺中將自己和故事角色融為一體。就這樣忘了時間，一回神，已經在書桌前埋首疾書好幾個小時。這樣的瞬間據說會不斷出現。這就是專注在工作的瞬間吧。

無論任何工作，都應該要有這樣的瞬間。不在乎昨天的失敗或明天的計畫，只專注在當下工作的瞬間。不斷累積這樣的瞬間，最後必定能成就完美的工作。

滿腦子只想著過去的人，即使身體活在現在，但心等於留在過去。換言之，身心狀態早已失衡。這樣的人，實在很難說是活在「現在」。相反的，總是對未來感到擔心和不安的人，只是讓自己困在空有其名的「未來」，也就是尚未發生的事情上浪費時間罷了。這樣的人也不是活在「現在」，可以說只是在「妄想」中掙扎而已。

「現在」這一刻，在人生中只有一回，不會再有第二次。

把焦點放在「現在」，也是一種活出「自我」的表現。

——覺得自己時運不濟

運氣一定會降臨在每個人身上

我們經常可以聽到運氣好壞的說法。這種說法很容易讓人認為運氣是無法改變的東西，是超乎人類能力所及以外的世界。

不過各位要知道，**所謂運氣，事實上可以靠自己去改變**。

有句話說「緣分」。人際關係、工作、戀愛、結婚等。人與人之間正因為有緣分結合，才得以產生連結。

佛教將這種說法稱為「因緣相合」。「因」指的是「原因」。因為出於某種原因，所以才能結緣。而**結良緣最重要的，是平時為造就原因付出的努力。**

而且，**緣分會公平降臨到每一個人身上。若要比喻，它就像風一樣。風總是公平吹拂著每個人，就看自己能否運用風帆掌握風向。當風吹來時，如果風帆沒有確實揚起，船就無法前進。而風就會從身邊溜走。**所以必須時時揚起風帆。這麼說來，在工作上該如何揚起風帆呢？那就是好好把握一開始降臨在自己身上的小機會。

舉例來說，假設上司問大家「有誰願意接下這份工作？」。由於是無關緊要的工作，每個人都想裝傻帶過。這時候，你可以第一個舉手說「請讓我來做！」。

無關緊要的工作或許只是像微風一樣，但最重要的是即便如此，也要把握這陣風，讓自己多少往前邁進。第一次把握的這陣風，最後會漸漸成為將自己推向成功的強大風力。

也就是說，接下來自己會漸漸被指派愈來愈重要的工作。這種狀態就稱為

「好的緣起」。

所謂緣起，如同字面意思是指「牽起一份緣」。換言之也有開始結緣的意思。所以必須謹慎看待最初的緣分。如果一開始就能結下良緣，接下來就會有接連不斷的好緣分。即便一開始只是微不足道的工作，只要努力去做，日後肯定會受派重要的工作。

相反的，如果一開始結下惡緣，這份緣起就會將你牽引到不好的方向。如果面對工作只會計算利益得失，到最後身邊就只會剩下利害關係的人。這樣的人生不可能會幸福。

有些人總是感嘆自己在工作上得不到運氣和緣分的眷顧。然而，不受眷顧的原因事實上並非出於他人，而是自己掌握緣分的方法不對。

面對工作必須時時努力不懈。**柔軟圓融的態度，才能把握隨時可能降臨的微風**。

面對人際關係也是如此。如果想和對方一起用餐，就大膽直接開口邀請。

用誠心去嘗試，不要害怕被拒絕。因為如果遭對方拒絕，就當成是和對方沒有緣分就好。所謂緣分，是要靠自己去創造。

大家在元旦都會到神社或寺廟裡參拜吧。元旦參拜的意義，是展現自己斬斷前一年結下的各種緣分，並在新的一年締結全新良緣的決心。也就是向神明宣誓自己在接下來的一年將會「努力締結良緣」的意思。

要將「因緣」視為良緣或惡緣，全憑自己的努力，無法怪罪任何人。

慢慢來沒關係，說出「真正的想法」就好

——煩惱自己口條不好

在工作上也好，生活上也好，人與人之間最重要的就是對話。不論電子郵件等訊息軟體再怎麼發達，少了實際的言語交談，人際關係就無法建立。我相信正因為有彼此溫暖的言語交談，人生才會變得豐富多彩。

英文有個說法叫作「businesslike」（講求效率），或者是說「business conversation」（商務對談）。

在商務進行的過程中，不需要情緒性的言詞和對話，一切只需要客觀的表

達。因為這才是最有效率的作法。但事實上真的是這樣嗎？

的確，在商務對談中或許不需要挾帶多餘的情緒。

甚至有人認為做生意就是彼此討論出是否達成交易或買不買東西等結論，除此以外的意見都是多餘的。

如果過程中挾帶多餘的情緒，只會讓自己被這個講求效率的時代給淘汰。

但是，人不是機器，因此即便在相同條件下進行交涉，結果也會因人而異。有人交出九十分的成績，也有人只能拿到四十分。「講求效率」不正是為了盡可能減少這種差距而採取的方法嗎？

不過，我認為這種「講求效率」的作法再怎麼努力，頂多也只能得到八成的結果。要想拿到九成的結果，重要的還是發自內心的言語表達。

舉例來說，假設正在和客戶交涉。由於條件相當吃緊，自己這一方也無法退讓。雙方針對僅有的談判空間你來我往，但最後交涉破局，氣氛變得相當沉重。就在對方起身打算離開時，你放下了嚴肅的表情向對方說：

「我聽到你剛剛在咳嗽，是感冒了嗎？外頭很冷，離開時小心別著涼了。」

聽到這些話，對方會有什麼感覺呢？

對方或許會心想，雖然這一次的交涉破局，但有機會真想和這個人合作看看。不是嗎？或者，他也有可能為了下一次的交涉而認真重新考慮條件。

「離開時小心別著涼了」。這一句話，是提高結果成功率的「人的真心」。

在工作當下或許可以講求效率，只不過除此之外，也要簡單添加幾句親切的話語。

這樣才是有溫度的對話，才叫作語言。這種卸下心防的作法是機器辦不到的行為。

在道元禪師的《正法眼藏》中，有個說法叫作「愛語」。**「面對接觸的人，隨時為對方著想，顧及對方的心情，待以溫和的言語。時時謹記以這種心情與對方對話。此即稱為愛語。」**

透過動之以情的對談，或是相反地運用冰冷、不帶感情的言語來說服對方等方式，或許在商場上來說是必備的能力。但這種講求言語瞬間爆發力的談話，對不擅言詞的人來說想必十分困難。

然而，這種時候就算不馬上搭話也不要緊。**不需要急著表露自己的情緒，而是先將情緒放在心中，冷靜下來，試著以「愛語」來應答。**

比起不經感情、直覺應答的商務對談，花時間思考發自真心的說法，肯定可以讓對方更深切感受到你的心意。

先把自己身上的標籤全部撕掉吧

——覺得自己不適合現在的工作

有個說法叫作「類型」。例如「我是這類型的人，所以不適合這份工作」、「我和他是不同類型的人，所以處不來」等。

所謂類型，指的究竟是什麼？

說到底，這不過是擅自為自己貼上「我不會○○」的標籤罷了。藉由決定自己是這樣的人，以換取某種放心的感覺。

工作不順利，就找藉口認為是因為和自己類型不符的關係。我認為這只是將一切的不如意全推給類型不符罷了。

人根本就沒有分什麼類型。

人並非單純到可以簡單分類。因為所有人都有無限的可能，都具備不斷改變的能力。

對這樣的能力貼上「類型」的說法，甚或放棄，都是相當可惜的一件事。

禪學中有個說法叫作「柔軟心」。就如同字面上的意思，指的是人具備柔軟的心靈。

當面對事物時，人很容易根據自己的立場和方便來下判斷。這就是所謂的「自我」。人應該要跳脫沉迷於執著和偏見的自我，讓自己擁有更自由的心靈。

別在還沒開始嘗試之前就認為「這不是我的類型」而否定工作。**在考慮適不適合自己之前，先認真去做。這種態度才是最重要的關鍵。**

有時候以為不適合自己的工作，結果卻成功收場。或者即便以為絕對不可能的事，在腳踏實地的努力之下，也會一步步邁向成功。

人際關係也是同樣的道理。總之，**別再給自己貼標籤了。這麼做等於是在壓抑自己的可能性**。

生活習慣上的標籤也是一樣。我認為現在很多人動不動就覺得「非○○不可」。

例如「為了健康非運動不可」、「非得戒酒才行」、「飲食非得要限制卡路里才行」等。

一切都過於侷限在「非○○不可」當中。

當然，規律的生活很重要，對於酒精也最好適量控制。但是過度執著於這些，有時反而會給自己帶來壓力。出於良意去做，有時候反而會帶來負面效應。

例如即便是健走，也不能不顧身體狀況而勉強去做。有些人會堅持早餐一定要吃什麼，但外出旅行不可能比照辦理。這時候反而成了一種壓力。

為了健康而給自己貼上的生活標籤，到頭來卻變成一種義務。這種作法根本就是本末倒置。

「非〇〇不可」的念頭，換個角度來說只是一種強烈的自我。**在某些情況下堅持自我很重要，不過一旦過於強勢，就會失去自由思考。因為，可以自由變化且柔軟的心靈，才能激發出全新的可能。**

所以，請先把給自己擅自貼上的標籤徹底撕掉吧。

決定工作輕重順序的關鍵，在於自己的心

——無法做得跟他人一樣好

我認為無論任何工作，只要拚命努力去做，都能交出七成的成績。這是每個人都具備的能力。

無論是第一次接觸的工作、不擅長的工作，或是不喜歡的工作，總之就是盡其所能地去做該做的事。只要這樣，任何人都能達到七成的成功。所謂七成，已經是很優秀的及格分數了。

即便沒有特殊才能，每個人也都能達到這個及格分數。

有些人會感嘆自己在公司評價不好，有些人則是覺得自己在工作上表現不如同事。這樣的人，真的有付出努力嗎？

如果交代的工作只能完成一半，這只說明了自己的努力不足。不付出努力，只會抱怨不喜歡被交付的工作或工作不適合自己等，也不會讓自己獲得好的評價。要相信自己只要認真面對，一定可以達到及格分數。以這種自信努力去做。

但是，要想超越七成，拿到八、九成的成績，這或許就和適不適合與才能有關了。有時候還會受到成長環境等因素的影響。正因為如此，如果想知道自己是否有才能，首先要先做到七成的成功。成功後看到的風景，就是你的可能性。

空說自己有才能並無法取信於他人，懈怠努力、只會感嘆自己沒有才能，也不會得到任何人的幫忙。總之就是要先盡全力投入眼前的工作。

這世上有很多不同的工作，而許多人看待這些工作都有優劣之分。例如那項工作比這項工作重要、自己無法再忍受這樣的工作，或者認為同事都可以被交付更好的工作，自己卻不行等。

像這樣對工作抱有先後排序、只想做更好的工作的念頭，請各位一定要拋開。

職業或工作內容沒有貴賤或先後之分。對這個社會而言，所有工作都是必要的，所以才會存在。就算是不受重視的工作，也一定是為了某些時候或某些人而存在的。這就是所謂的工作。

人都會想受到注目。希望可以獲得眾人的感激，擁有高度評價。這也是一種誠實的心情。不過，大多數的人都不是生活在耀眼奪目的閃光燈下，而是屈身於市井中一步步腳踏實地地工作。

在這種情況下，你能做的就是對自己的工作抱有堅定的自信。**相信自己的工作一定對社會有所幫助，而且受人肯定。就算這是自以為是的想法也沒關係。只有肯定自己，才有辦法獲得幸福。因為你的人生主角，只能由你來擔綱演出。**

有個故事說一個和尚經過肉攤，有位客人正在肉攤前向老闆買肉：「今天是特別的日子，請給我好一點的肉。」老闆回答：「我們店裡沒有不好的肉，每一塊肉都很好。」

聽到這段對話，和尚突然頓悟，好肉壞肉，不過都只是人們自以為是的說法罷了。

工作不也是這個道理嗎？

重要的工作，無關緊要的工作；有意義的工作，無趣的工作。決定這些的關鍵，是自己的態度。是自己決定了工作的社會高低價值，連帶地也決定了人的價值。

這是很悲哀，而且自私狹隘的一種想法。

現在位置的主角，非你莫屬

——遲遲無法出人頭地

大部分的組織型態都是呈金字塔結構。在一個部門裡，有最重要、位居最高的部長，接下來是位居第二的課長數人，再下面則是組長和主任等不同位階的人。

這種組織型態之所以沿用至今，想必是因為符合日本人的階段觀念。

但是另一個不爭的事實是，拜這種金字塔結構所賜，大家的目標都是那位居第一的位置。每個員工拚命努力，都希望可以達到最頂端的位置，相信那對身為一個上班族來說就是所謂的成功。抱持明確的目標努力工作固然很重要，但我不認為只有達到頂端才算是成功。

首先，可以成為位居第一的人，僅僅只有少數。能夠成為社長的人只有一個，部長的位置也只有幾個人。

如果真要說，大部分的人都只能甘於第二或第三的位置。但這就表示自己失敗了嗎？

事實上，佛教的世界也是呈金字塔結構。位於金字塔頂端的是如來佛祖。如來佛祖是被視為唯一開悟的人，位居金字塔頂端主掌一切。

接下來位居第二的是菩薩。大家所熟悉的「觀世音菩薩」和「地藏王菩薩」，都屬於這個位置。

有趣的是，菩薩完全具備成佛的資格。也就是說，只要祂願意，隨時都能成佛。甚至想並列第一也行。不過縱使具備資格，菩薩仍決定留在現世繼續修行而不成佛。這稱為「菩薩行」。

菩薩之所以留在人世，據說是為了度化眾人的心靈。

一旦成佛，就沒有辦法度化眾生。因此祂決定留在人世向眾生宣揚佛心。

或許是因為這個緣故，長久以來菩薩一直深受世人的敬愛。

各位瞭解我要表達的意思了嗎？這段傳說不也正好呼應了企業組織的狀況嗎？

一旦成為部門之首的部長，很多時候就必須放棄第一線的工作。因為身負以大局為判斷的責任，所以無法再一一指導下屬。

取而代之指揮第一線工作的，是所謂的課長和組長等位階的人。工作的實際成敗，也都是落在這些居於次位的人身上。

在企業結構中有所謂的中階主管。一般人都認為這個位置不僅會受來自上位者的責難，還要承受來自下級的壓力，是個吃力不討好的角色。不過請各位想想，假使日本的企業結構是金字塔形，幾乎大部分的人都屬於中階主管級。

當然，我的意思並不是要大家就此甘於這個位置。只不過，**並非只有爬上**

頂端才算成功。即便是位居第二或第三，每個位置都有比最高位者更應該做的事。

是的，各位現在這個位置的主角，只有你可以勝任。換句話說你要做的，是在現在被付予的位置上盡全力努力，為協助上位者與指導下屬感到開心。這番盡心盡力的工作表現，一定會被看見。這種努力不懈的態度，肯定會替自己帶來莫大的成就感。

因為，推動企業運作的人不只是那位居第一的人，而是靠所有位階的共同努力。

偶爾不妨重回工作的初衷

——無法達到工作目標

身處在企業組織中，都免不了一定會有業績或目標之類的東西。你必須努力達成上司給予的目標數字。這對人的成長來說並不是一件壞事。

不過，千萬不能讓自己完全受困在業績的壓力中。一直執著於業績，最後會變得只考慮到自己。考量的不再是客戶的感受，而是只要能賺錢就好。短期來說這或許沒什麼問題，但以長遠來看，恐怕再也無法感受到工作的喜悅。這樣的工作是無法長久的。

工作最重要的，是看見客戶的期望。對方的困擾是什麼？期望什麼樣的商品？**為了滿足客戶這些期望，自己可以做什麼？**

說得更極端一點，就是把自己的利益擺在次要。先思考對方的利益，最後才有辦法為自己帶來利益。

只有自己得利這種事，打從一開始就不可能發生。因此從長遠的角度來看，這種作法才能成就工作，不是嗎？

以外出跑業務推銷自家商品為例。假設你打算賣東西給客戶，可是手上卻沒有客戶想要的商品。

這種時候，大部分的人應該都會推薦自家類似的商品給對方。以做生意來說，這是理所當然的作法。

但是，對方即便買下你推薦的商品，恐怕也不會完全滿意。因為那是不得已之下買下的東西，最後一定會有意見。

換言之，這種作法並沒有打從心底為客戶設想。

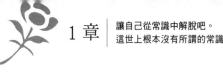

這種時候，不妨可以跟客戶說「我們公司沒有這類的商品，但別家公司有。需要介紹給您嗎」。這麼做對方肯定會嚇一跳，因為畢竟是競爭對手公司的商品。說不定你自己也會受到上司的責罵。

不過，這才是以客戶為優先考量的作法。而且這麼做，也會讓客戶對你產生真正的信賴。

現在是個競爭激烈的社會，為了維護自家公司的利益，有時甚至必須若無其事地暗中打擊對手公司。

不過，我認為這種作法並不適合日本人。

日本人自古以來就十分重視人際關係。不只是賣自家農田收成的東西，也會推薦他人的東西。例如告訴客人「我的白蘿蔔最好吃，但如果是菠菜的話，隔壁田裡種的才叫美味！」。

這種作法乍看自己有所損失，但以結果來說，卻讓整個村子變得更富裕了。

所謂買賣，無論在哪一個時代，這種態度才是最重要的，不是嗎？

不只是考慮到自己的公司，而是以自己工作的整個業界為考量。

自己所處的公司和業界繁榮，自己才有辦法擁有富裕。這是理所當然的道理。

也就是說，不要只看見自己的利益，而是先考慮對方和身邊的人的需求。

這才是工作的初衷，不是嗎？

無法用數字表現的東西，才是真正具備創意

——如何才能發揮創意

這個世界愈來愈方便，也愈來愈講求效率。促使這種現象持續發展的關鍵，正是以電腦為主的各種機器。

在現代社會，人不需要動手就能做出東西，檢索資料也變得輕而易舉。這一切雖然很方便，但另一方面，卻讓人感覺這個社會失去了人性。

機器原本應該是受人操作的東西，如今角色卻完全顛倒。電腦上的數據和資料才是一切，人的感受和存在彷彿完全遭到否定。

如今禪學成為一股世界潮流，其背後的原因，我想應該就是現今電腦化、手機氾濫的社會現象所導致。

靜心打坐是一種人的行為，當然也只有人才辦得到。同樣的，無法數據化的人的情緒、情感，甚至是創造力等，也只有人類才有，無法用機器或電腦製造出來。

對現在社會上的工作來說，數據確實很重要。但如果過於將焦點放在數據上，將會喪失人類原本具備的感受和優點。

以做一本書為例，編輯首先會針對目前的市場走向或受歡迎的作者等搜集資料。這些只要透過電腦，馬上就能得到答案。這就是所謂的市場調查。

不過，假使電腦得到的調查結果便是一切，就不再需要人為思考如何增加書的吸引力。也不用召開編輯會議，只要完全根據數據資料的企劃去做，書就能大賣。

然而，事實上並非如此。因為在這當中，機器無法製造出來的創意還是非常重要。電腦是0和1組成的世界，也就是個是非分明的世界。

但是，**人類的內心有許多是非以外的答案。我認為數字無法表現的東西，才是真正具備創意的東西**。

在設計「禪庭」時也是一樣，有時候會覺得石頭擺哪裡都不對。

有時候我會指示工人將石頭移動十公分。這個十公分，並不是靠計算得到的數字。

該不該移動十公分。這一點只是我個人的感受。當然，這其中沒有任何科學根據，更沒有所謂的正確答案。

只是我自己「總覺得不對勁」而已。

不過，我認為這種感覺才應該受到重視。

假設今天可以根據機器計算出來的數字創造新商品。由於是幾近無懈可擊計算出來的結果，想必一定可以創造出非常完美的商品。不過，最後的商品卻總讓人覺得不甚完美，甚至感覺會賣不出去。

這種時候，如果說出「感覺會賣不出去」的意見，說不定會馬上招來反駁，例如「為什麼這麼想？拿出根據來！」。

但由於自己根本就沒有根據，所以不得已之下，只好吞下自己的想法，保持沉默。我認為這作法十分危險。

所謂真正的創意，是來自於人類的感受。即便沒有科學根據也無妨。因為人類的期望，到頭來還是只有人類最瞭解。

不必在意朋友的多寡

——一旦說出真心話，朋友就所剩無幾

在我寺院的信眾當中，有位年過三十五的青年。

他是個個性開朗的年輕人，參加了公司的足球隊，非常受歡迎。不僅如此，他交遊廣闊，就連假日也行程滿檔，經常受邀出席派對，或是和一大群朋友出遊，過著非常快樂的生活。

聽到這樣的他竟然以自殺結束生命，我不禁心頭一震。

他既身無病痛，工作也順遂得意，還擁有許多朋友。

他自我了結生命的真正原因，只有他自己知道。想必他應該有著無法向人傾訴的煩惱和痛苦。

而令人遺憾的是，他的身邊沒有任何可以打從心底信任的朋友。就算只有一個人也好，假使他身邊有可以彼此瞭解的朋友，應該就會放下自殺的念頭了。

從他身上，我不禁感受到現代人人際關係的危機。

大家頻繁地透過推特或臉書等網路工具進行交流，不停在網路上結識新朋友，比較著誰的好友數比較多。這當然不是什麼壞事，只是要說這是真正的人際關係，我實在無法認同。

過去在小學時，大家都學唱一首歌，歌詞裡唱道「不知道自己能否交到一百個朋友」。

也就是說，朋友多是好事，朋友少就糟了。許多人長大以後都還存有這樣的誤解。

真正可以彼此瞭解的朋友，兩三個就足夠了。就算只有一個人也無妨。結交許多表面上的朋友，也無法成為自己心靈的支柱。

但只要有一個值得信賴的朋友，就可以讓人有勇氣繼續走下去。

有句禪語叫作「把手共行」。就如同字面上的意思，指的是共同攜手走下去。無論痛苦悲傷，都能彼此激勵，一起走下去。建立這樣的人際關係，才是最重要的事。

這種信賴關係的建立需要時間，不是光靠聊個一兩句就能辦到。

許多現代人都會急著想和他人建立關係，才見過幾次面，就誤以為和對方親如密友。感覺只想更快交到更多朋友。

彼此瞭解唯一的方法，只有先彼此磨合意見想法，坦然地打開心房，並一步步走入對方的心靈。透過這樣，就能建立彼此之間無以動搖的信任關係。

一旦相處久了，難免會發現彼此的差異，無法互相理解的部分也會慢慢浮現。

這是因為雙方立場和成長環境不同，有所差異也是理所當然。重要的是能不能共同克服這些差異。

假使無法接納彼此之間的差異，這也無可奈何，沒有必要勉強自己去迎合對方。

就算不是不歡而散，無法彼此瞭解的雙方最後也會漸行漸遠。一切任由自然發展，不刻意保持關係，不知不覺中，關係就愈來愈淡了。這也是一種人際關係。

最後剩下的幾個朋友，好好珍惜就行了。

2章

稍微轉移眼前的焦點，
看看窗外的世界。
你將會看見不一樣的風景。

最重要的是改變自己的觀點

——面對全球化該怎麼做？

二次大戰結束之後，日本積極推動美式文化和價值觀。不可否認，這麼做最後為日本帶來了經濟成長，但我認為現在已經來到重新檢討的時候了。

美國人和日本人在想法上有許多差異。

以金錢觀為例，美國人認為要盡情花用。就算實際上沒有錢，也會以信用卡消費。對他們來說，認為這是一種活絡經濟的作法。

相對於此，日本人偏好為將來儲蓄。認為控制欲望、不做無謂的花費，才是一種美德。

面對工作也是，美國人不會排斥換工作。有好的條件，轉換跑道是理所當然的事。而且面對裁員也不會太悲觀。

相對的，日本人比較忠實於同一家公司或同一份工作。即便是流動率相當高的現代，還是比較希望盡可能找到一家可以終生效命的公司。

擅長移動的美國人，和偏好駐留在同一個地方的日本人。很明顯的，這之間恐怕存在著狩獵民族和農耕民族的差異。

有一次我在美國搭計程車，司機是個哈佛大學的畢業生。他表示自己打算就這樣以開計程車為生，直到找到想做的工作為止。為了做自己想做的事，他並不覺得這樣有何不妥。

這股堅強，恐怕是日本人沒有的特質。

日本人擅長針對一項事物深入探究。這一點也造就了日本人享譽全世界的製造產業。只不過，雖然擅長深入探究，但另一方面，日本人的想法卻總是與外界脫軌。

以手機為例。日本國內有許多非常厲害的多功能手機，但是由於功能太多，致使最後沒有人可以熟練使用。這也是造成大家常說的「加拉巴戈化」（＊Galapagosization。意指在日本過於追求符合本土市場環境特質而獨立發展，導致最後失去國際競爭力）的原因之一。

從這一點來看，不如日本人過於鑽研細節的美國人，不僅成為一個電腦數位化的社會，同時也發展出許多通訊設備。瞬間崛起的蘋果公司 iPhone 便是其中一例。

通訊業的東西就交給通訊業，其他業界不應該插手。拘泥於這種想法的日本企業，反而被自己絆住了腳。

話雖如此，但也並非所有美式想法都很優秀。日本人深度追求的精神，也創造出「無痛針頭」這種不可思議的東西。

日本絕對有自己獨一無二的優點。我認為現在正是我們回頭看看自己優點的時候。

在這場全球化的國際競爭上，即便跟著美國的腳步，也不會有任何勝算。換言之，我們不應該放棄日本人深入探究的優點。

事物一定都有正反兩面，絕對不能單看一方面。重要的不是改變事物本身，而是改變自己的觀點。不要只看見其他國家好的一面，也要看到它背後的危機。不要只看見日本人缺少的特質，也要好好看清楚自己本來具備的長處。這種不與他人比較的想法，也是一種禪的思維。

我認為所謂的全球化，其實是對自己的國家重新省思。

先肯定他人吧

——希望獲得更多肯定

人受到讚美都會很開心。沒有人會因為被讚美而生氣。

如果想得到他人的肯定和讚美，首先自己要先肯定對方。只會說他人的壞話，卻期望得到對方肯定，這根本不可能。**因為讚美、肯定對方的話語，會像傳接球一樣回到自己身上**。

例如「你這一點做得真好，我也想學習」。

當你像這樣肯定對方時，對方一定會說「哪裡哪裡，你才厲害」。從旁人的角度來看，這種對話或許很可笑，但其實我認為這才是人際關係最重要的一環。

因為受到對方讚美而開心，於是也想讚美對方。這時候就會開始注意對方的優點。**注意對方優點的這個舉動，就是彼此發現對方的長處，事實上也是對自己的一種全新發現**。

不僅如此，觀察他人優點也是十分重要的一種行為。

我平時除了寺廟住持的身分之外，也會以庭園設計師的身分替人設計傳統日本庭園。我在設計庭園時，從來不會對樹木和石頭進行任何人為的加工。

我通常都是將這些東西以其原有的姿態擺設在庭園中。我會仔細觀察這些形狀大小各異的素材本身具備的個性，然後將其放置在最能展現特性的位置。

有個說法叫作「讀木心」、「讀石心」。也就是發覺各自優點的過程。

這個作法也適用於人際關係。每個人都有各自的個性，我們應該做的不是互相比較，而是讓各自綻放光彩。

仔細發覺每個人的特質並給予讚美。彼此各自發光，也互相肯定。只有這樣，每一個人才能發揮長處。

人當然也有缺點，這是很正常的事。不過缺點的另一面，一定也藏有優點。你不可能改變對方的個性，這麼做也可能會傷害到對方的特質。因此，**最重要的是建立彼此完全接納的關係**。

所以，我們要做一個會讚美他人的人。

善於讚美，也可以讓身邊的人發光發亮。這一點只要用點心就能做到。例如，當下屬聽到上司讚美自己「你這陣子很努力喔」、「那項工作做得非常好」，肯定會覺得自己的努力被看見，接下來一定要更加努力。

在教養上也是一樣的道理。因為，**讚美就是接納對方**。

偶爾的嚴正指責也很重要，但不可以只是罵完就算了。在現代社會，光說是不夠的。

如果只是罵一句「你真是糟透了」，接下來什麼話都沒說。像這樣只針對結果好壞做評斷、一味指責他人缺點的作法，並無法建立溫和的人際關係。
我們應該做的，是多多發覺對方的優點。
因為察覺他人的長處，也是在回頭發現自己的優點。

才能這種東西，每個人都有

——深覺自己沒有才能

有些人非常懂得發揮自己亮眼的才能。看著這些人，有人會自嘆不如，認為自己什麼才能也沒有。

每當遇到這種人，我總會為他們感到可惜。

這世上沒有人天生就具備多棒的才能。

當然，有些人天生就擁有強壯的體魄。不過，這些人也並非人人都能成為相撲力士。

這些人當中能夠成為力士的，只有對相撲癡迷、每天努力讓自己變得更強壯的人。

也就是說，所謂才能，不是與生俱來的東西，而是要靠自己的努力去獲得。

換言之，每個人都具備才能。唯有意識到這一點，持續努力不懈，才有辦法讓才能發光發亮。

如果沒有意識到這一點，或是半途放棄努力，只會白費了難得的才能。

最重要的是相信自己尚未發揮的才能。

另一個重點是，才能不是用來比較的東西。

因為老是拿自己和他人比較，所以才會自嘆不如。就像拿自己和鈴木一朗比較毫無意義，或是和賈伯斯相比也無濟於事。向崇敬的人學習很重要，但不要想活得像對方一樣。**與其複製他人的人生，你應該走出自己的道路。**

發揮才能的唯一方法，就是持續努力不懈。

有句話說「面壁九年」。據傳禪宗初祖達摩祖師曾在中國少林寺面壁打坐長達九年，最後悟得禪道。所謂「持續就是力量」，指的正是這回事。

每個領域都有被尊崇為人間國寶的人。例如製作和紙長達五十年的工匠、日日和陶土相處的陶藝家，或者是年過九十仍不放棄跳舞的舞蹈家等。一般人都認為這些人天生具備才能。

然而，身為當事人的他們對此都有相同的說法。

「我根本沒有什麼才能，只是因為喜歡，一做做了幾十年，不知不覺就成了人間國寶了。因為除了這個，其他的我什麼也不會。」

這是非常深奧的一段話，當中透露出才能的真正意涵。而這些人的共通點，就是對於自己選擇的路，一路走來毫無半點遲疑。

換言之，他們相信這就是自己應該走的路，因此心無旁鶩地堅持走下去。

這個社會確實每天都在追求所謂的成果，迫使人不得不接受討厭的事，甚至可能被不識趣的上司批評沒有才能。不過，因為這種程度的打擊就陷入自我懷疑的人，代表打從心底就不相信自己的才能。

以認真的態度不斷努力，堅持自己相信的道路。我相信對於這樣的人，不僅旁人無可置喙，這種態度也一定會受到肯定。這道理就像你不敢隨意對專心面壁打坐的達摩祖師說話一樣。

——總是沒有自信

今天的自己比昨天更好，就是很棒的一件事

我認為自信有兩個意思。

一個是具體「會做○○」的自信。

例如「對運動有自信」、「對英文有自信」等，就是這個意思。這一類自信的養成，靠的是腳踏實地努力，不斷累積微小的成功體驗。

換句話說，這種自信只要靠努力，每個人都能獲得。

我們經常可以聽到有人說「我對工作沒有自信」、「我對人際關係沒有自

信」等。這些或許都只是不夠努力而已。

在感嘆對工作沒有自信之前，不如盡全力面對眼前的工作。**與其和他人比較，可以試著和一年前的自己相比。如果一直都是努力不懈，一年之間肯定有所成長。**

例如上個月沒有完成的事，今天做到了。無論是多麼微小的成功，只要可以感覺到今天的自己比昨天更好，就是很棒的一件事，不是嗎？這就是自己努力面對每一天的證明。

為了明天的自己和未來的自己不斷努力，人一定會進步成長。

沒有任何改變，就等於沒有付出努力。

假使對人際關係沒有自信，不妨就讓自己成為一個擅長聆聽的對象。不彰顯自我主張，努力去瞭解對方的心情。

甚至只要用笑容和體貼的話語待人，人際關係肯定會順利發展。

像這種「會做○○」的自信，都必須靠自己的努力去建立。

另一種自信是如同字面意思，指的是「相信自己」。

現在自己所處的職場，就是自己應該存在的地方；現在自己所做的工作，就是自己應該做的工作。

也就是對於當下的自己給予完全的肯定，專心一志在眼前的事物上。這就是另一種自信。

人在二十幾歲的時候，很容易受各種事物所誘。

這真的是我想做的工作嗎？

我真的可以在這家公司繼續努力發展嗎？

我還有其他選擇嗎？

在這個人生階段，想必一定充滿這些迷惘。

然而，到了三、四十歲，已經不能再對自己感到迷惘了，必須做好決定，而不是思想言行永遠像個小孩子。

這世上只有少部分的幸運兒可以做著完全適合自己的工作，大部分的人都是對現狀抱持不滿。

但是，沒有人會選擇完全不適合自己的工作。

每個人都是因為覺得雖然不是完全喜歡、但多少適合自己，才選擇了現在的工作。既然如此，就應該下定決心，為現在該做的事盡心盡力。

也就是相信「這就是我的生活方式」，全心全意付出努力。

人生是一連串的選擇。選擇了其一，等於放棄了其他。

不可能同時擁有魚與熊掌。

也不應該一直對沒有選擇的東西抱持後悔。

現在你所處的地方，就是你的生存之地。

現在你所做的工作，就是你應該做的事。

先培養這樣的自信。

這種堅定、決心相信自己的態度，比什麼都重要。

——找不到自我價值

人的生命是向佛祖借來的，所以請好好珍惜「自己」

自己究竟是什麼？自己存在的意義又是什麼？

很多人都曾想過這些問題吧。這些疑問和煩惱，事實上自古以來一直都是我們人類不斷詢問自己的問題。對於這些問題，或許有人找到了一時的解答，但是沒有人可以找到真理般的明確解答。真正的答案，恐怕永遠也遍尋不著吧。

與其探究自己是誰，在這裡我想先和大家針對最根本的「生命」來思考。生命究竟是什麼？

大部分的人都覺得生命是屬於自己的。

例如，如果你對愛酗酒的人說「喝太多會把身體搞壞」，他們或許會告訴你「這是我的身體，我愛怎樣就怎樣」。這種自己的生命要怎麼做是自己的自由的想法，最後將會衍生出自殺的行為。然而，這種想法可是天大的誤解。

假使說身體是自己的，試問你的手腳和心臟、肺臟，也是自己製造出來的嗎？

你的身體是父母給予的。這是從你的父母、祖父母，甚至是未曾謀面的祖先，代代傳承下來的身體。這一點請別忘了。

更進一步來說，此刻正努力跳動的心臟和肺，是由你主掌驅使活動的嗎？

當然不是。即便你什麼都沒做，身體的器官也會不眠不休地持續為你的生命運作。

沒錯，我們都不是靠自己的力量生存，而是受惠於一股強大的力量而存在。

生命來自於相傳繼承。如果從自己往前追溯十代，總共會有多達一千零二十四個祖先的存在。再往上追溯二十代，祖先的人數就超過百萬人了。假使這當中有一個人不懂得善待自己的生命，就沒有現在你的存在了。

這麼想來，對於現在你的存在，別說找不到意義了，根本可以說是個「奇蹟」。

佛教認為生命借自佛祖。是佛祖賜予人們生命。人必須愛惜自己的生命，最後將它歸還佛祖。這就是佛教認為的生存。

既然是借來的東西，自然要珍惜對待。向人借來的珍貴物品，謹慎以對是理所當然的事，不能讓東西以毀損的姿態歸還對方。生命也是一樣，總有一天都要歸還佛祖，所以在這之前一定要謹慎對待。只要有這種認知，就會懂得珍愛自己的身體，絕對不會做出糟蹋身體的行為。

向佛祖借來的生命——。找不到自我價值的人，哪怕只是暫時也好，不妨

就將答案寄託於這種想法。

向佛祖借來的生命，不過也只能借用數十年，總有一天要歸還。正因為如此，每一天都必須好好把握。

為「今天也活下來了」心存感激。

持續抱持這樣的念頭，人生就能筆直地朝富裕而行。

暫時將注意力轉移他處

——想不到好的企劃點子

想不到好的企劃點子。明天之前一定要提出企劃案，但腦子就是一片空白，什麼想法也沒有。這種束手無策的經驗，相信每個人都曾經歷過。

這是一種將企劃侷限在「非得想辦法寫出來不可」的狀態。

至於企劃案的目的是什麼、對公司有何幫助等本來的目的早已迷失，只是讓自己困在寫企劃的任務中，陷入走火入魔般的心理狀態。

一旦變成這樣，腦子就會漸漸打結，無法思考。在這種情況下，再怎麼絞盡腦汁，也不可能想出任何好點子或靈感。

這種時候，不妨就暫時轉移注意力。把視線從電腦離開，看看身邊的景物，看看窗外的景色。

季節一步步邁入夏日，風涼爽地吹拂著，鳥兒也隨著輕風輕快地飛翔天空。

看著這些，打結的思緒就能獲得恢復。

激發創意的契機或乍現的靈感，其實就在身邊。只要把焦點放在大自然或變化的事物上，就能發現這些靈感。光是在腦子裡不停思索企劃內容也沒有用，重點是把注意力轉移到外界和其他事物上。

人一旦深陷在某件事物上，就會將它當成是全部。這種狀態非常危險。

例如想不到好的企劃內容，假使今天想不出來，明天的會議就會開天窗。在會議上提不出企劃，就會受到公司對自己的能力質疑，最後說不定還會被解雇。在這種時代環境下一旦被解雇，大概再也找不到工作了。如此一來便無法養家，最後一家離散……

可以說陷入最慘的狀況。

不過請各位冷靜想想。想不出新的企劃案，為什麼會瞬間使得一家妻離子散呢？這種想法實在很可笑。

不過對當事人來說，卻是很認真地深陷在沒有出口的隧道中徬徨無助，最後落入絕望的黑暗裡。

這種時候，可以想像自己走在深夜的單行道。前後一片黑暗，什麼也看不到。感覺找不到出口，口也渴了。再這樣下去，恐怕會垂死在這裡。

就在這時候，你不經意看向腳邊。前方的月光照在腳邊，突然覺得明亮了起來。再仔細一看，不遠處有條小溪，你上前喝了口水，稍作休息。

不久後恢復了元氣，又可以重新再出發。最後終於抵達出口。

不僅是工作，人生不也是如此嗎？

在想不出企劃案的黑暗中，一味地盲目亂走也找不到出口。與其專注在一點上，不如看看身邊的世界，一定可以從中找到激發全新想法的靈感，一定有可以拯救絕望的小溪。千萬不要只是執著在尋找出口。

換言之，就是別執著於企劃案本身。不要一開始就想找出企劃的核心，而是要先從其他蛛絲馬跡著手。用這種想法去面對處理，才是最重要的成功關鍵。

人何必為了他人的評價所苦，那些並不是你的全部

——非常在意公司的評價

努力工作，卻始終得不到上司的肯定。比起同期進公司的人，自己還無法出人頭地，不知如何是好。這些焦慮，最終都會變成心理的一大負擔。

如果事情真是如此，我想請問各位：

為什麼想獲得他人的肯定？「因為想成功」。

為什麼想成功？「因為薪水會增加」。

為什麼這麼想要錢？「因為可以買很多想要的東西」。

可以買很多想要的東西，就會覺得幸福嗎？「應該會吧」。

如果是這樣，你是為了要買想要的東西，所以才想獲得評價的囉？

「……」。

這雖然看似禪問答，但各位不妨可以試著問自己這些問題。事實上，這些問題沒有所謂的正確答案，每個人的答案想必都不一樣。瞭解自己的答案之後，可能會看見和現在不一樣的東西。

只要在職場上工作，都免不了希望獲得肯定，因為這攸關自己本身的存在感。

但是，人之所以為了評價所苦，全是因為只執著在單一評價上。

在社會上生存，的確會受到各方面的評價。就算直屬上司不做任何評價，也會受到其他部門前輩的評價。有時候即便在公司內位階不高，卻獲得客戶的高度肯定。

從這個角度來思考，所謂評價，就不僅限於工作上了。也有來自親友的評價，或是戀人給予的評價。來自父母和手足的評價，應該就沒有任何算計了吧。

只要認真努力工作，父母肯定會覺得：

「認真努力就好，沒有出人頭地也無所謂。只要可以健康平安，不造成他人的困擾，這樣就夠了。」

如此充滿溫暖的肯定，自己真的有放在心上嗎？

千萬不要讓自己過於侷限在「所有評價」＝「工作上的評價」的想法當中。因為對一個人的評價，絕對不是來自單方面。

除了工作上的肯定之外，還有一顆親切溫柔和體貼的心。善於聆聽、說話風趣等。綜合各種評價，才是你這個人的全貌。

對於這種說法，有人會認為只是一種逃避的想法。這類型的人認為既然面對工作，職場上的評價就代表了一切。

我從來不認為重視各方評價是一種逃避的行為。因為這不是逃避，而是用更寬廣的角度來看待自己。

假使現在各位只在意自己在職場上的評價，可以試著將焦點轉移到其他方面。

在放假時拋開一切工作，好好沉浸在喜歡的事情中。

如果擅長釣魚，就帶著大豐收的漁獲回家；參與志工活動，就帶著感謝的回饋回家。藉由將這些工作以外的「肯定」悄悄收在心裡，可以使自己心情變得更有餘裕。

工作或職場上的評價，不代表全部的人格，那些只不過是一小部分的你罷了。

你在乎身邊的人嗎？活著不是只有工作成績而已

——工作順利，卻感覺不到幸福

在職場上拚命努力工作，完成交代的任務，交出比別人更優秀的成果，藉此換取薪資。所謂工作，進行得愈順利，就會漸漸對自己的能力萌生傲慢。例如認為自己是憑自己的能力生存，不需要他人的協助，拿高薪也是因為自己的能力好。

一旦有了這種想法，就會漸漸感受不到幸福。

在這個世界上，不可能光靠自己的力量完成工作。獨自工作這種事，絕對不可能發生。

以開發新商品為例。即便發想再好，如果沒有將想法實際做成成品的人，一切都只能算是未完成的商品。

就算完成了商品，假使沒有盡心盡力推銷的人，買賣也無法成立。甚至要有消費的顧客，公司才能算是成立。

這個道理或許大家都知道。但就算清楚，還是會產生自以為獨自完成工作的傲慢心態。之所以會這樣，是因為誤以為只有實際的成果才會受到肯定。

在這種心態下，一定會認為只有研發新商品的人才能獲得高度肯定。一旁盡力協助研發的人，都不足以獲得評價。

除了研發人員以外，一定還有其他人協助搜集研發所需的資料，或是影印準備會議資料，或是當研發人員遇到瓶頸時，在一旁幫忙提振低迷的士氣等。但事實上在許多情況下，這些人的確愈來愈難受到肯定。

正因為身邊這些人都無法獲得肯定，於是大家變得只在意交出亮眼成績的人。

結果就是演變成自以為是、過度自信的人愈來愈多。

造成這種社會現象的背後原因，我認為問題還是出在教育。從小只有所謂功課好的人才會受到誇獎。只要成績不好，即便是待人體貼親切、總是熱心助人的孩子，也得不到任何讚美。大家普遍都認為功課好的孩子就是好孩子，功課不好就是壞孩子。

以我來看，這分明就是一種歧視。

因為我不會光用成績這種判斷標準來評斷一個人。十個孩子，本來就有十種不一樣的個性和能力。

有的孩子雖然不會念書，卻擅長運動。也有孩子即便課業和運動表現都不起眼，但是有一顆十分溫柔的心。我們應該把焦點放在這些各自的優點上，給予空間任其發展。這才是所謂真正的平等，不是嗎？

換成是各位，肯定也是如此。

只在意成績這種看得見的東西。這種看待事物的態度根本不公平。當然，在職場上交出成績很重要，但千萬不要以為工作就是一切。

人活著不只是交出成績而已。各位必須要減少將焦點放在上面。

如此一來，不僅是工作，人生肯定也會變得更加寬廣。

3章

抛開自己的作法吧。
解決問題的方法有無限的可能。

你或對方的想法都沒有錯，因為正確答案不止一個

——對職場上的人際關係感到厭倦

這陣子經常有人跟我抱怨職場上同事之間大家關係冷淡，甚至還會互相陷害。

在以前，職場上的同事就像家人一樣，大家一起同心協力做事，也會一起討論工作以外的事。由於大家共處了人生的許多時間，建立起信任關係也是理所當然的事。

然而，自從導入歐美型態的經營方式，企業開始採取成果主義和年俸制度之後，業績好的員工可以拿到高薪，表現不好的人則會被減薪。努力的成績反映在薪水上。這種乍看充滿希望的制度，其實並不適合日本人。因此，結果自然產生了勝利組和失敗組的區別，連帶也使得人際關係變得愈來愈冷淡。

每個人都想成為勝利組，所以即便是朋友，也不會分享寶貴的情報。只打算自己一個人獨享，自己一個人成為勝利組。

「三個臭皮匠勝過一個諸葛亮」儼然成為過氣的說法，每個人都想獨佔成果。就算對同事也不會說出真心話。身邊雖然有很多同事，卻總是感到孤單。這種壓力恐怕不小。

人際關係冷淡，連帶地也會影響到日常對話。即便想一起做事，也會堅持自己的作法和想法。彼此都是這種心態，自然會起衝突。

重要的並非不要堅持自己的主張，而是思考如何在避免衝突的情況下堅持自我主張。

禪有個說法叫作「如是」，經常出現在禪問答當中。這句話的意思是「正是如此」，也就是無論對方說什麼，自己都以「如是」作為開頭來回應。

換言之，這是一種用「我認為你說的沒錯」的說法來姑且肯定對方的表現。**也就是說，不妨先接受對方的主張。不要馬上反駁或拒絕，而是先肯定對方的想法。**

接下來再表達自己的想法。以對方的角度來說，由於自己的意見已經先被接納，對於對方的意見自然也會表現出傾聽的態度。至少不會一下子就出言找碴。

在工作上，大家意見想法不同是很正常的事。這時候不妨試著思考可以如何結合彼此意見想法上的優點，而不是互相堅持己見。

自己的作法才是對的，沒有其他方法了……真的是這樣嗎？

如果真的有大家都認同的正確作法，肯定就不會有意見衝突發生了。

意見有所衝突，就表示雙方都不是正確答案。所以才更要結合彼此意見的優點。

針對對方的意見，不要馬上表現出拒絕的態度，而是先接受對方的想法。

「你說的也有道理。說不定你的作法是對的。不過我的想法是……」以這種方式在職場上開啟對話，肯定可以化解冷淡的人際關係。

請各位一定要時時謹記一顆「如是」的心。

——工作順利的祕訣

到達目的地的方法有無限可能，就慢慢依照自己的步調前進吧

看到他人交出亮眼的成績單或是獲得成功，每個人都會感到羨慕，想跟著模仿學習，希望自己也能成為那樣的人。坊間也有許多書籍分享成功人士的方法與哲學。

從他人身上看到優點，當然可以多學習。只不過，一味地模仿真的好嗎？

就像諺語「十人十色」的意思，人都有各自的擅長和不拿手。有人擅長與

人交際溝通，也有人喜歡獨立作業。這當中沒有好壞之分，都有著當事人的優點。

禪的根本哲學在於不與他人比較，每個人都有擅長的一面。

而且，通往成功的道路，或是產生結果的過程，都有無限可能的方法。不論哪一條路，只要不斷努力，一定都可以抵達目的地。

追著他人的腳步對自己沒有任何幫助，也不需要跑得太快，只要依照自己的步調前進就好。

有一次我搭電車，身旁坐了一名上班族。他提著一個看似很重的公事包，想必應該是個業務員。

他一坐下，馬上就從公事包拿出一疊明信片，對照著名片寫上收件人的名字，接著開始寫起內容來。

由於就坐在他身邊，信上的內容一覽無遺。我不經意看到上頭寫著「昨日東京睽違三年下起了冬雪，請您要小心留意身體別著涼了」等一般常見的問候。雖然完全看不到任何業務性的內容，但從他謹慎的鋼筆字跡中，感受得到他的認真和溫暖。

收到這些明信片的人，肯定會留下很好的印象。就算當下沒有和他做成生意，只要有機會，一定會想到他。

或許，這名男業務員是個不擅言詞的人也說不定。

因為自己不太會說話，所以更要想辦法彌補這項缺點。想到最後，發現自己很喜歡寫東西。這一點是健談的業務員不會想到的點子。以結果來說，也確實讓他找到了彌補缺點的方法。

每個人都有缺點。沒有人對自己完全不會感到自卑。

可是從另一個角度來看，每個人也一定都有擅長的一面，都有自己獨特的專長。

認真找出那件事，就能獲得足以彌補缺點的武器。

不是模仿他人，而是找出只有自己做得到的方法，然後盡全力去做。

前述中的唐代趙州禪師曾說過一句話：「大道通長安」。意思是無論走哪一條路，每一條路都會通往長安。幸福和成功也是一樣的道理。

通往成功的路有許多，只要找到自己該走的路，專心一志地走下去，每個人都能抵達成功的終點。

重點是要找到自己的路，堅持走下去。

——做事方法不再管用

你是一個人孤軍奮戰嗎？別忘了日本人具有互相彌補不足的「和」的精神

日本人自古以來就是個重視「和」的精神的民族。互相幫助，互相著想，並且互相尊重彼此的意見。在這種環境下，每一個人都有存在的必要，各自發揮著自己的能力。將這種精神放在職場上，就是一種「團隊合作」。

假設同樣業務部有十個員工。在過去，每個人的角色分工十分明確，有擅長交涉、不斷開發新客戶的人；有不擅業務應酬、策略擬定能力卻十分優異的人；有業績表現雖然不亮眼、卻很擅長接待客戶的人。

每個人都在自己的崗位上扮演好各自的角色，也提升了整個團隊的表現。

然而，在現代社會中，每個人都必須具備所有能力。從策略擬定到接待客戶，全部都必須一手包攬。而且，只有極少部分能夠做好這些所有事情的人，可以受到肯定。因為這是一個不在乎過程、只追求結果的世界。

不過事實上，這很明顯是歐美的做事方法。

美國等歐美國家都屬於多民族社會。每一個民族都有不同的價值觀，生活習慣和表現方式也都不一樣。在這種情況下，自然無法對過程做任何評價，所以只好單純針對結果來評斷。

最後演變成不論任何作法，總之只要做出成果就好的社會型態。

二戰結束後，日本企業開始採取這種歐美國家的思維。結果使得日本原本引以為傲的團隊合作精神面臨了崩解的命運。

日本 311 地震之後，許多人即便失去了家園和田地，也不願離開自己生長的土地。這對歐美人來說非常不可思議，因為在他們的觀念中，「如果已經無法再住人，換個地方住便是，為什麼會這麼執著一定要留在原地呢？」

這種想法很明顯是狩獵民族的思維，可以明顯看出和日本人之間的差異。對於追逐獵物四處維生的他們而言，一旦沒有獵物，就往其他土地遷移。這是理所當然的事。

相對於此，日本人是個大家一起長年在荒廢的土地上開墾耕種的民族。放棄開墾而來的土地是對不起列祖列宗的作為。這恐怕是歐美人絕對無法理解的心情。

不僅如此，類似開墾這種大家一起共同作業的工作型態一旦瓦解，許多人肯定會因此喪失棲身之處。

以職場上來說也是。失去共同合作、彼此支援的做事方法，對於擁有這段歷史背景的日本人來說，沒有比這更痛苦的事了。

或許，現在是我們回頭重新思考日本人的歷史和做事方法的時候了。我希望大家可以重新喚醒日本人自古以來的「和」的精神中所蘊藏的神奇力量。

我雖然對於做生意一竅不通，**但我認為現在正是重新發揮日本人團隊合作力量的時候。**

現在是個全球化的時代，如果只是和其他國家用一樣的作法，自然無法贏得勝利。而且，正因為是全球化，更要貫徹只有日本人才做得到的方法。

如果各位正獨攬工作、為了不擅長的部分而苦惱，不妨可以找直屬上司溝通看看。**一定有可以讓你發揮才能和能力的工作。**

相反的，肯定也有可以彌補你不擅長之處的團隊夥伴。萬事萬物都需要適才適所。每一個人一定都有存在必要的地方。

這是禪教給我們的道理。

認錯可以重振心情。
藉由向人道歉，可以讓自己變得更好

我發現，現在愈來愈少人能夠在犯錯或做錯事的時候，坦然為自己的過錯道歉。

大家在承認錯誤之前，都會先拚命為自己找藉口。將過錯怪罪他人或情況，想盡辦法想逃避責任，無法坦然承認自己的過錯。這或許是現代人的特徵之一。

對自己的過錯不承認也不打算道歉，就勢必會有所欺瞞。因為假使自己完全沒有錯，大可堂堂正正地說出來。

但是，只要有地方做錯了，就會為了隱瞞而撒小謊。一旦撒了謊，就必須繼續說謊來圓謊。到最後謊言愈扯愈大，導致自己漸漸喪失他人的信賴。等到發現事態嚴重時，一切已經來不及了。

如果自己多少有錯，就先坦承認錯道歉。**道歉非常重要，不代表自己輸了，也不是一件壞事**。

我認為道歉是導正過錯、重新邁向下一步的重要過程。

在工作上犯了錯、受到上司責備時，與其為自己找藉口，不如坦然承認錯誤，誠心道歉。例如「對不起，我下次不會再犯同樣的錯誤了」。這麼一來，上司也只能說「這次就算了。下次注意一點」，無法再繼續責罵下去。

這樣的互動讓雙方的關係又重新建立。比起放任情況繼續惡化，這種作法才不會留下火種。

我們僧侶也是一樣，在修行的過程中會犯下許多過錯，每一次都會受到師父或前輩的嚴厲斥責。這時候如果為自己找藉口或回嘴，事情的演變將會非常嚴重。因此我們都會坦然認錯道歉，隨時注意不要再犯相同的錯誤。這種態度稱為「慚謝」，也是重要的修行之一。

除了不道歉的人之外，也有人是「說不出道歉」。簡單來說就是雖然想認錯道歉，卻無法坦然表達心意的人。也就是不擅長與人面對面說話、有溝通障礙的人。這或許是因為現在電子郵件等溝通管道變多了，導致對話能力隨之衰退。

假使覺得自己不擅長言詞，可以先試著每天與人打招呼。不太會說話的人，不可能在短時間內變得健談。如果太過於勉強自己，反而會變成一種壓力。接受自己的不擅長也無妨。就算不擅與人交談，但簡單的打招呼應該都做得到。

例如，在公司與人擦身而過時跟對方問聲早，或是一起搭電梯時聊聊天氣等閒聊個一兩句。

帶著微笑向人打招呼。

或許令人難以置信，但只要這麼做，人際關係就會產生極大的變化。

有句話說「和顏愛語」，意思是以柔和的表情和溫柔慈愛的話語待人。只要養成這種習慣，一開始即便不擅言詞也不要緊。重要的是養成看著對方眼睛說話的習慣。一旦養成習慣之後，就能坦然地認錯道歉了。

坦然道歉，是人際關係的基本。

——想獲得他人的尊敬

隨時「為人著想」，「美德」自然會助你一臂之力

「那個人是個有美德的人」。日本人自古以來就很注重「美德」，但我們經常聽到的「美德」，指的究竟是什麼？

在佛教當中，日本臨濟宗的中興祖師白隱禪師被譽為是位有美德的人。他終生都在靜岡縣沼津市的松蔭寺度過。據說他曾婉拒大寺院的邀聘，完全不在

乎地位和名譽，一生專心修行。

松蔭寺是個佔地不大的小寺廟，儘管如此，卻聚集了眾多求教於白隱禪師的僧侶來到此地。這全是為了白隱禪師的美德。

完成修行的僧侶並非每個人都具備美德，也有人即便身為大廟住持，門下卻沒有任何弟子。

相反的，有美德的人，自然會有許多人慕名而來。這一點古今一致。

至於美德是什麼，以結論來說，我認為就是拋開自我欲望，為他人奉獻。也就是能夠不以自我利益為優先，先考慮到對他人的助益。

以在職場上為例，假設看到同事的工作做不完，再這樣下去肯定得徹夜加班才能完成。這種時候，你是否能放下自己手邊的工作去幫忙呢？

或者，對於大家都不想做的工作，你敢不敢主動說「我來做」？主動攬下大家避之唯恐不及的工作需要勇氣，搞不好還會被說是「討好上司」。

不過別放在心上。假使他人這麼說，就問對方「要不要我們一起來做？」，對方應該就說不出話了。

也就是說，不需要在意身邊的雜音，只要時時謹記為他人著想就好。即使是微不足道的小事也行。

當獲得身邊愈來愈多人的感激時，自然你的地位就會跟著上升。

例如並非自己主動想升上部長，但一回神，自己已經受到身邊眾人的推舉。原本打算協助扶持他人，卻在不知不覺中自己受到他人的幫忙和扶持。

結果，最後是「美德」幫了自己一臂之力。

接下來工作應該就會一帆風順了。由於不是靠著排擠他人一路走上來，自然不會招人嫉妒或惡言中傷。因為打從一開始，身邊的人就和自己站在同一陣線上。

當然，當中還是有一些無可控制的事。那就是我們無法猜測他人的心思。就算是為對方著想的行為，我們也不知道是否都能被視為善意看待。有時候善意也會被當成是惡意。這也無可奈何。

人心就是如此複雜的東西，同樣的說法和行為，有時會被視為是善意，但想必也有人會感受到惡意。不需要為了這種事一一煩惱。

與其為了他人的想法煩惱，不如視為是自己的德性還有進步的空間。

——感覺心靈脆弱

只要秉持著「為他人幸福著想」的精神，就能抵抗軟弱

每個人都喜歡堅強。每當看到堅強的人，或是遇到事情不如人意時，人都會想變得更堅強。

所謂堅強究竟是什麼？

「能夠明確堅持自我意見的人」、「不會被小事擊倒的人」、「能夠克服逆境的人」。對於堅強，恐怕大家都有這種印象吧。

不過，我認為的堅強並非如此。

一個人真正的堅強，取決於是否對自己的存在抱持「信念」。例如清楚自己的生活方式，或是瞭解自己的生存意義。換句話說，就是清楚知道自己人生態度的人。我認為這種人才是真正堅強的人。

至於何謂信念，我想就是無可動搖的自我精神。

舉例來說，假設有人問你「你為什麼要工作？」。一般人大概都會回答「為了將來有個安定的生活」，或是「想藉由工作實現自我」等。

這些或許也是很重要的工作目的。對於這些答案雖然無法否認，但這些目的真的可以稱得上是信念嗎？「累積積蓄」、「實現自我」，這些都稱不上是無可動搖的信念。

因為這些答案經常會改變。

假設賺錢是唯一的信念，一旦無法再賺錢，活著就沒有意義了。為了將來的安定之類的信念，只要遭逢自然災害，信念就會瞬間崩解。如果只是想成就工作上的自我實現，一旦公司倒閉，一切就結束了。

真正的信念，必須要是無論發生任何事都不會動搖，永遠支持著自己的人生的東西。

人的心中同時存在著「隨時改變的心」和「無論任何事都不會動搖的心」。舉例來說，儘管一年前還期望可以從事某份工作，如今興趣卻已經轉移到別的工作上。又例如不久之前才對出人頭地毫無興趣，見到同事成功卻又心生羨慕。或者儘管一向認為錢只要夠用就好，卻突然希望擁有更多財富。每當和他人比較時，心就會動搖。這就是所謂人的軟弱。

我們無法完全摒除這些軟弱，不過當軟弱出現時，可以支持我們對抗它的，就是「無可動搖的信念」。也就是存在的精神。藉由找到這種精神，人就能堅強地走下去。因為等於擁有了無可動搖的自信。

至於這個存在的精神，就是為他人帶來幸福。

人絕對沒有辦法獨自生存。每個人都是和眾人建立關係，彼此分享溫柔和體貼，彼此抱著感恩的心活下去。這才是對人類而言最大的幸福。

人為了什麼而工作？答案只有一個，就是為了透過工作與人建立關係。不考慮對價關係，只為了得到他人的感謝。而這份感謝，為自己帶來少許的金錢財富。這就是所謂的工作。

找到自己可以做到與人建立關係的方法，透過這種方法盡力為他人奉獻。只要擁有這般無可動搖的信念，人就會變得愈來愈堅強。

執著會侷限了自己的可能性。可以在現在位置綻放光彩的人只有你

——因為非情願的異動感到憤慨

商場上每天瞬息萬變，身處這種環境下，非情願的人事異動是在所難免的事。

例如過去一直都在製造部門工作，卻突然被調到業務部。或是相反地雖然在業務部做出成績，卻被調回製造部門。甚至是突然被調到海外。

既然這樣，乾脆辭職不幹了。有些人會不經思考地做出這樣的結論，或是

輕易地認定自己不適合做業務。然而，適不適合到底是由誰來決定的呢？這難道不是只有自己一廂情願的看法而已嗎？

如果公司主管認為這個人不適合做業務，自然不會將他調到業務部。換言之，正因為覺得「他做得到！」，所以才任命調動。

並非只有口才好的人才適合做業務。口才雖然不好，但只要工作認真，肯定也會受到信賴。

再說，如果可以活用過去在製造部門的經驗，也許可以發現一直待在業務部的人沒有想到的重點。相反的，就算被從業務部調到製造部，過去的業務經驗也會成為製造部的寶貴意見。

在禪的思維當中，沒有二選一的思考方式。善惡，喜惡，敵我，成敗，適合不適合。人總是容易陷入這種思考模式當中。不過，這種想法只會讓自己的世界變得愈來愈狹隘。

二元對立的思考會產生選擇，必須從中選擇一方。選擇乍看之下很好，但事實上在做出選擇的當下，就會對選擇的一方產生了執著。

選擇待在製造部的想法愈強烈，執著也跟著愈深。這種除了這份工作以外什麼都不想做的**過度強烈執念，會使得自己的可能性變得愈來愈狹隘。這一點請各位要有所認知**。

這個道理也適用於選擇職場。我平時也在大學任教，從大學生身上，我也感受得到他們對於職場的強烈執著。包括知名企業或受歡迎的行業等。有想做的事當然很好，我也可以理解期望進入自己心儀企業的心情。

不過一旦過於執著，就無法擴展自己的可能性。

工作肯定都在某些地方彼此互相關聯。光靠一個行業不可能形成買賣，世界也不是光靠一個行業來運作。無論哪一種工作，都是彼此互相支援協助。也就是說，即使現在無法做自己想做的工作，只要認真努力，總有一天會出現機會。轉換跑道也是這個道理。

有句禪語叫作「大地黃金」。意思是如同黃金般閃耀的大地不在他處，就是自己現在身處的地方。

看著一旁心生羨慕，自己也想前往，認為那裡肯定相當美好。然而，過去之後才後悔那裡並不是閃耀光輝的地方，反而不如自己原本待的地方。

與其如此，不如**靠自己努力，將目前所在的地方變成閃耀黃金光芒的大地。這才是最重要的。**

不要三心二意，**只要為現在所處的公司和部門盡心努力。因為，可以讓目前所在的地方綻放光芒的人，就是你自己。**

與其彌補不足，拋開多餘就能讓情況好轉

——工作太多做不完

現今真的是個忙碌的社會。

早上一起床馬上開啟電腦收信。在移動中也隨身帶著資訊設備，隨時接收訊息不落人後。每個人彷彿都變成了情報資訊的奴隸。果真需要做到這種地步，才有辦法工作嗎？

我每天也會收到很多電子郵件，包括垃圾信件在內，有時一天會超過上百封。假使全部一一回覆，根本沒有時間做原本的工作了。

因為我的工作是寺廟住持和庭園設計，同時也在大學任教，而不是回覆信件。

舉例來說，在這麼多的信件當中，必須立即回覆的大概只有十封左右。這些信件我通常會馬上回覆。剩餘當中的約二十封，可以暫且不用回覆。最後剩下的全都是廣告或優惠訊息等垃圾信件。

雖然對不起這些特地寄來的信件，但如果不這麼分類思考，我根本沒有辦法做該做的工作。在這個資訊氾濫的時代，選擇取捨的能力是必備的要求。

面對身邊眾多的資訊，如果將關注全放在上面，會漸漸迷失自己的立場。甚至會連自己的工作是什麼都忘了。為了避免這種情況發生，必須以稍微俯視的角度審視自己和身邊的情況。如此一來，就能慢慢看出什麼是必要和不必要。

再舉個簡單一點的例子來說。請各位看看自己的桌子，是否堆滿了各種書籍和資料呢？看著這些東西，就算想整理，卻遲遲沒有進展。因為一旦開始著手，就覺得每一樣都是必要的東西。

不過，各位可以試著從稍微遠一點的地方觀察整張桌子。透過觀察整張桌子，馬上就會知道什麼是必要的東西，什麼是應該留下來的東西，或者是再也不會用到的東西。這時候就能做適當的選擇取捨了。所謂的資訊處理能力，我想指的應該就是整理能力的優劣。

一旦覺得工作或事情進行得不順利時，我們總是會思考自己哪裡做得不夠好。然後想辦法做得更好以改變情況，讓工作和事情可以順利進展。

然而，想要改變狀況，與其思考哪裡做得不夠好，更快的方法其實是捨棄多餘的東西。各位可以試著改變想法，告訴自己工作不順利不是因為做得不夠好，而是不必要的東西阻礙了進展。

可能是過去的作法，或是非怎樣不可的執著，或是多餘的情報資訊。先捨棄這些，才是成就工作最重要的關鍵。

捨棄需要勇氣。不過，愈是緊抱著不必要的東西不放，真正重要的東西只會被埋得愈來愈深而看不見。這就像要從一大堆不必要的書當中找出重要的那一本，幾乎不可能。

拋開所有不必要的東西，專注在對自己真正必要的事物上。這才是禪的思考方式，也是簡樸生活的思維。

隨時保持身邊環境簡潔，可以讓思緒變得更清楚，事情也會順利進展。因此，請先丟掉不必要的東西。

這樣一來才能看見真正重要的東西。

環境無法發揮所長

找出自己的獨特才能，同時別忘了戰場不止一個

社會上其實有許多戰場。擁有相同目標或相同興趣的人，都會一起在同一個戰場上切磋琢磨。

有立志成為創業家的人聚集的戰場，也有喜歡製造東西的人聚集的戰場等。

最重要的是找到屬於自己的戰場，試著投入其中。一鼓作氣站上戰場就會

知道，那裡多的是比自己更有才能的人。即便是自以為擅長的領域，卻聚集了許多比自己優秀的人。

不過，千萬別因此就退縮走下戰場。不要拿自己和他人比較，而是在自己決定的戰場上，努力不懈地磨練自己獨特的才能。

即便是在相撲土俵上，也有擅長拋摔的力士，或是擅長壓制的力士。正因為每個人的體格不盡相同，大家都是專注在適合自己的技巧上。

人生也是同樣的道理。**每一個人都具備才能，你應該做的，是相信自己的才能，找出只有自己辦得到的事情。**

而且，不是只有具備才能的人最終才會得到甜美的果實。有時候是因為才能不佳，反而得到好的結果。

還有一點要告訴各位的是，自己所屬的戰場，絕非只有一個。

在公司裡，我們無法選擇自己屬意的部門，只能站上被指派的戰場。

有時候在被指派的戰場上用盡努力，卻遲遲無法受到肯定。這時候大部分的人都會因此陷入低潮。

甚至有人會認定自己是個無用的人。

或者，也有人會被驅逐出公司的戰場。也就是裁員。

這當然是一大打擊。不過，**你的戰場並非只有現在所待的公司。在社會上，屬於你的戰場還有很多。**

人生不是只有一個部門或一家公司這麼一個獨一無二的戰場。這一點請各位要有所認知。

有句話說「人間到處有青山」。所謂「青山」，指的即是葬身之地。簡單來說，就是對自己而言最幸福的地方。

人總是會執著在自己當下的處境中。例如「這輩子就全奉獻給這家公司了」、「除了這個部門，哪裡都不想去」、「對自己而言這才是工作」等。

熱愛自己任職的公司和工作理所當然，這並不是什麼壞事。只不過，千萬不能一味地執著不放。

過於執著於一個戰場，有時候會漸漸迷失了身邊的幸福。

假使在自己身處的戰場上找不到幸福的種子，大可換個戰場再去尋找。只要開放自己的視野，肯定可以在某處發現青山的存在。

不過就像有句禪語說「隨處作主，立處皆真」，無論到哪裡，最重要的是自己的努力。不是依賴他人，而是專注於自我，努力堅持到最後。

與其說青山四處皆有，其實是因為自己的努力，任何地方都會成為自己的青山。

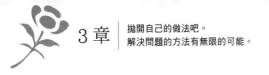

4章

你是否壓抑了自己的真心？
聽聽自己內在的聲音吧。

——難以表達真正的想法

所謂真心話不是表現情緒，而是透過面對自我的一種發現

很多人會向我傾訴煩惱，表示自己沒有可以說真心話的對象，沒有人願意瞭解真正的自己。找不到可以說真心話、彼此瞭解的人，有時候的確會讓人活得很痛苦。

不過，聽了這麼多類似的煩惱，我發現很多人自己並沒有付出努力，只是等著別人來瞭解他。

或者，只想到自己，完全不想去瞭解對方。無論何者，都是自己不付出，只會等待他人的給予，就像小孩子一樣。嚴格來說，這根本就是心智尚未成熟的表現。

要想彼此互訴真心、建立良好的關係，光靠一方是行不通的。如果希望對方瞭解自己，就應該努力試著先瞭解對方的心。

話說回來，**真心話指的又是什麼呢？一般人都以為表現當下的情緒就是說出真心話。不過很遺憾的，事實並非如此。喜怒哀樂的情緒終究只是一時，經常會改變。千萬不能讓自己隨著這些瞬息萬變的情緒起伏。**

這麼說並非要大家不能表現情緒，而是別誤以為那就是自己真正的想法。只是一味地彼此發洩情緒，總有一天會產生衝突。

真正的真心話，是像自我信念一樣的感受。每個人都有可以稱為人生態度的東西，包括自己擁有什麼樣的人生，對人生的想法是什麼等。要想把持住這種態度，最重要的是深思熟慮。

在公司也是一樣，難免會有和上司意見不合的時候。即便是上司的指令，但怎樣都無法接受。一旦遇到這種情況，要先想辦法讓自己不要情緒化。因為表現情緒對解決問題沒有任何幫助。這時候要做的，是自己先想清楚。

如果怎麼想都覺得不對，就代表是自己真正的想法。這時候就可以試著說出口。

例如「您說的我非常瞭解，但我覺得事情不是這樣」。藉由說出自己深思熟慮後的真心想法，上司一定也會以真心回應。像這樣彼此說出真正的想法，就能產生信任關係。如果只是互相拋出情緒，並無法產生真正的信任。

這當中重要的，是發現自己真正想法的過程。偶爾停下來仔細思考自己真正的想法是什麼、什麼是自己該走的路，這才是人生中最重要的事。

禪僧打坐也是一樣，到頭來是為了進一步認識自己。僧侶花了一輩子的時間放空思緒，從世俗的欲望中脫離，尋找真正的自我。

一般人恐怕很難天天打坐，既然如此，至少要每個星期找一個時間，讓自己停下來審視自我。

例如在假日的早晨花個半小時沉思。調整呼吸，面對自己。讓自己不受情緒控制，找到自己該走的路。

像這樣在日常忙碌中的短暫留白時間，才有辦法發覺自己真正的想法。

只要一天就好，試著關掉手機吧

——感覺無比孤單

很多人對於獨處都會感到不安。討厭孤單，希望隨時都有人陪。無論何時何地，眼睛永遠離不開手機。我認為這實在不是個好現象。因為如此一來，就沒有時間審視自我了。

對人來說，獨處的時間十分重要。人必須要有時間針對自我存在進行沉思，包括自己目前的狀態、前進的目標等。而這些都必須在獨處之下才有辦法

做到。

一直讓自己隨世浮沉，有時會在不自覺中迷失了自我。就連過去的夢想、自己該走的路，也全被潮流吞噬，人生變得只是隨波逐流。這麼一來，不但人生不再是原本的樣貌，也不可能找到幸福。

要想找回原本的自己，同樣也需要面對孤單。各位不妨就將深埋在內心的真正想法展現出來吧。

這一點，只要關掉手機電源就能辦到。只要這麼做就好。即便正在上班或在家中，很輕易地就能營造出獨處的時間。

假日抽出半小時時間就好，一個人到公園裡走走。可以坐在長椅上，靜靜欣賞眼前充滿生命力的大自然。

看著大自然，你會發現沒有什麼是絕對不可能的。在大自然裡，萬物都有其道理。倘若不是如此，大自然就不會永存。樹木每年萌發綠芽，花朵綻放。這些都是因為萬物依循道理而生。

面對這樣的大自然，各位可以重新審視自我。

假使正遭遇不順，或是感到痛苦，都是因為偏離道理所致。也就是在某個環節有所勉強，違背了本來的自己。這就是原因。而讓人發現到這一點的契機，正是孤獨。

有個說法叫作「孤立」，意思是失去與他人和社會之間的關係。這是非常痛苦的一件事。

不過，孤立和孤獨意思完全不同。孤獨終究只是一種個人的心理狀態。人無法一天二十四小時都處在孤獨當中，但每個人都可以在一天當中獨處個幾十分鐘。而且每個人都應該這麼做。

每天早上出門上班從家裡走到車站的路程，一般來說應該都是自己一個人。各位可以**善用這一小段時間，將注意力從手機上移開，看看身旁的樹木或路邊的小石頭，任由思緒飛揚，思考自己現在身處何方。只要給自己這麼一段獨處的時間，就能找到不隨波逐流的自我。**

有句話說「水急不流月」，意思是無論水勢如何湍急，河面上的月影也不會隨波逐流。流動的河水可以換成世間來思考。流水時急時緩，一旦被吞噬，就再也看不到自己。

所謂河面上的月影，指的是真正的自己。無論世間這股潮流如何湍急，也不能讓自己隨波逐流。為此，必須隨時看清楚自己。

而獨處的時間，正好可以讓自己清楚看見河面上的月影。

拋開世間的評價和常識，真實面對自我心中的佛

——驚覺自己受常識所限

這個社會對於「考試」的狂熱似乎依舊沒有平息。升學測驗等理所當然地繼續存在著，除此之外，甚至有人從幼稚園就開始強迫孩子念書，想盡辦法要讓孩子擠進知名小學。

這些父母費盡心力，相信自己這麼做都是為了孩子好。但是，這些真的都是為了孩子嗎？

撇開在這條「正常」的道路上一路順遂的孩子不說，那些走得顛簸的孩子，難道就是不「正常」嗎？

所謂「正常」，究竟指的是什麼？

有這種「正常」和「常識」迷思的人似乎非常多。然而，這些常識並非完全都是對的。

對於金融界的人來說，有他們理當應該知道的專業用語和作法；在永田町（＊日本國家政治中樞）也有只有政治家才會知道的常識；在霞關（＊日本行政中樞）也存在著政府官員之間通用的「理所當然」。任何一個行業都是如此。

不過，這些終究都只是那個世界特有的常識，並不是一般的社會常識。以這種角度來思考，當今社會上的許多常識，或許事實上都不是理所當然。

如果受限於這些「常識」和「理所當然」，會讓人眼光變得愈來愈狹隘。在各位周遭，或許也經常可以看到這兩大陷阱。

例如，面對下屬提出新提案，上司大多會二話不說就評斷「就算是常識，這種作法根本行不通」、「當然要這麼做才對」等。

沒有任何說明解釋為什麼行不通、為什麼一定要用那種作法，就只是直接下結論。

一直這樣下去，最後下屬也會習慣「一切都是理所當然」。因為這樣才能獲得上司的肯定。然而，這種僵化的「理所當然」和「常識」如果一直傳承下去，到最後在職場上會變得愈來愈綁手綁腳。

聽到「理所當然」這句話時，千萬不能馬上同意。必須再一次思考「這真的是理所當然的嗎？」。**在理所當然和常識的框架中，人無法激發出新的想法和創**意。

在這種時候，至少先看看身邊的風景吧。

在禪的世界裡，沒有所謂的「常識」和「理所當然」。寺廟的僧侶們會在固定的時間打坐誦經，但如果是單獨修行，何時打坐就全看個人的決定。

每一個人心中都有佛的存在。心中的佛不會受任何事物所限，只是以「本來」的姿態呈現。各位不妨拋開世間的評價和常識，認真面對自己心中的佛。

類似這種禪的思維，各位可以在日常生活中多多嘗試。

另外還有一點。**「理所當然」的思維是來自於過去經驗的累積。也就是說，這是經由各種經驗累積而來的想法。**累積經驗很重要，但如果一直持續不斷地往上堆疊，最後非常有可能會迷失了本質。這是個很大的陷阱。

面對「理所當然」和「常識」，各位可以試著用減法來思考。就像一層一層剝去緊黏在「理所當然」上的多餘表皮，重新審視常識。

最後看見的東西，才是屬於你的「理所當然」。

——得不到下屬的支持和服從

工作最大的喜悅是大家擁有共同的信念，但這也是最難的事

日文有個說法叫作「相續」。在現代大多用在「遺產相續」等情況，表示將財富讓渡給子女的意思。這個詞原本是佛教用語，**指的是承襲師父教誨的意思**。

在佛教當中，師父會教導弟子各種道理，包括如何為在世的人們帶來物質與財富之外的平靜心靈，以及該用什麼心態面對修行等。

也就是意味著「繼承」師父的精神和思想。

在大約明治六年（一八七三年）之前，日本的僧侶嚴禁娶妻，因此他們會將原本應該傳承給妻兒的觀念，全部託付給底下的弟子。到了明治初期，「相續」一詞開始普遍廣泛被用作繼承財產的意思。

如果將這種「觀念」的傳承套用在職場上，指的會是什麼呢？我想應該就是企業不斷傳承下來的經營理念，或是前人對工作所抱持的信念了。傳承這些前人的觀念，對工作來說是非常重要的一件事。

然而，現在的情況卻是只重視知識和技術，過去前人的觀念完全沒有被保留下來。上司在指導下屬時，也都只是直接教導作法。對工作來說，作法當然也很重要，不過這無法激發人對工作的熱情。於是，人們即便可以完成工作，卻感受不到絲毫的真心喜悅。

完成工作最大的喜悅，不只是交出成果，應該還包括大家對工作擁有共同的信念。

自己一個人就算完成工作，也不會真正開心。只有和抱持相同理念的夥伴一起同甘共苦，才會感受到工作的喜悅。

身為上司或前輩，一定要將自己的理念傳達給底下的人瞭解。例如「我一向抱著這樣的態度面對工作」、「我相信這個工作一定可以為人帶來幫助」等。請各位務必要將自己的真正想法毫不隱藏地不斷傳達給下面的人。

要不厭其煩地將自己對工作的想法「傳承」給對方。觀念、想法這種東西並非一兩次就能輕易傳達。被尊稱為師父的僧侶，也是每天教導弟子同樣的道理，長年不厭其煩地持續說教。直到最後，自己的思想才得以傳承，成為師徒共同的信念。

假使公司裡大家想法各異，沒有共同目標，原因可能就是因為沒有這樣的「想法」傳承。

擁有共同的信念非常重要。但另一方面，大家想法一致也是非常困難的一件事。不過，也正因為人可以擁有共同的信念，所以才能齊心向前。透過共同

信念所產生的力量，是只有一個人的時候的數十倍。

311強震之後，許多東北地方的漁夫不僅船隻隨海浪漂走，甚至連漁港也不見了。這些人不是靜待國家的幫助，而是靠自己的力量著手重建。之所以有這股強大的力量，全是因為他們擁有「想再次出海捕魚」、「想捕獲美味的魚給更多人品嘗」等共同的強烈意念。

至於捕回來的漁獲該怎麼銷售等這種「實際上的技術問題」，之後再想辦法就好，現在只想盡快重回漁夫的身分出海捕魚。正因為有這種共同的信念，所以才能成為一股強大的力量。

看著這些為工作努力的父親的背影，下一代也繼承了這樣的精神。我想，這才是真正的精神的相續。

可怕的不是失敗，而是什麼都不做地虛度時光

——對凡事都沒有熱情

有句流行語叫作「草食系男子」，指的是無論對工作和愛情都沒有熱情，淡看一切的男性。

這類型男性之所以愈來愈多，我認為最大的原因和這個社會不容許失敗有關。

在過去，不怕失敗、勇於挑戰新工作的人會受到肯定。即便失敗過一兩次，只要可以從中學習到經驗也無妨。透過每一次對失敗的自我省思，將經驗活用

在下一次挑戰中，藉此累積能力。

然而，現在的社會卻不容許失敗發生。只要失敗過一次，就很難有第二次機會。換句話說，大家都只看結果而不在乎過程。可以說歐美作風的評鑑制度已經徹底在這個社會扎根。

在這樣的社會當中，大家無法再大膽嘗試。即便勇於挑戰，但只要失敗就沒有退路。既然如此，只要做好上司交代的事情就好。就像草原上低頭靜靜吃草的動物一樣。這就是草食系男子的真正心態。

這世上沒有人完全不會失敗，也絕對沒有做什麼都會成功的人。重要的是從失敗中學習到什麼。

失敗後雖然遭受排擠，也要不氣餒地重新站起來。從失敗中獲得許多學習，為下一次挑戰做好準備。只要盡全力不斷努力，機會一定會再降臨。如果別人不給予機會，就要有自己爭取機會的意志。

即使別人告訴你「你已經失敗過了」，也不能就此服輸。

對於職場上那些成功的人，在斷定「那是因為上司喜歡他」、「明明能力也沒有多好」之前，先仔細觀察對方。沒有工作能力還能成功，我想職場應該還不至於這麼好混。

成功的人絕對會將失敗轉變成自己的養分。而且擁有堅強的意志，失敗了也不會放棄。更不會自詡為草食系男子，凡事一副冷嘲熱諷的態度。

「不容許失敗」的真正意思不是不可以失敗，應該是不容許白白浪費失敗的經驗而不善加活用。這個社會或許的確只看結果，但是不能因為這樣就為自己找藉口。

所有事物一定都有過程，不可能沒有過程就有結果。正因為如此，所以要重視過程。換言之，不要一開始就考慮結果，而是應該把重點放在「現在」努力的過程上。

有句禪語說「魚行水濁」。

意思是魚兒一游動，水必會混濁。這句話最直接的解釋是「自己的所作所為一定會留下痕跡」，更廣義來說就是**「只要腳踏實地做自己該做的事，一定**

會被人看見」，以及相反地**「過程中偷懶或隱瞞自己的虛偽，即使最後交出成績，也一定會被識破」**。

也就是說，要老老實實地盡力去做，不要欺騙自己。身在水中如果不游動，水或許真的不會混濁。

但即使會讓水變混濁，也要盡全力游動。因為這就是存在的證明。

為了避免水混濁而只是靜靜地待在水裡，這樣的人生真的幸福嗎？失敗沒有什麼大不了的，什麼都不做太可惜了。不如就盡情游動，欣賞各個不同的世界吧。

重視興趣，就是愛惜自己的人生

——人生不能只靠興趣而活嗎？

「現在的工作並不是我想做的」、「其實我想做的是更有興趣的東西」。既然這樣，如果問「那麼，你喜歡的是什麼？」。這時候很多人應該都會回答「我喜歡畫畫，可是這個世界沒那麼簡單……」。

為什麼要一開始就告訴自己行不通呢？當然，以畫畫為生的確相當困難。不過，和畫畫相關的工作還有很多，例如在畫廊工作、當美術老師等。只要放大視野，肯定有喜歡的工作可以做。

「靠畫畫無法為生」、「靠寫小說沒有辦法生活」。人總是會像這樣妄下斷言。

事實如果真是如此，世界上應該沒有任何畫家和小說家才對。畫廊、出版社等相關工作也不會存在。「靠○○不能為生」的說法，只是單純在逃避責任而已。**如果真的想以興趣為業，只要努力一定可以做到。至少我是這麼認為。**

感嘆「行不通」的人，恐怕只是單純「不去做」而已。

各位不妨回想自己當初選擇工作的情形。在選擇工作時，一般人大多會從自己的狀況和條件來考量。例如大學經濟系畢業的人，一般來說都會選擇金融業。就算真心喜愛釣魚，但以釣魚為生實在很困難，而且銀行的工作肯定會比較穩定。這就是多數人選擇工作時的思考方式。

將「興趣」和現實分開思考。如果可以安於這樣的方式倒無可厚非，但假使心有不滿，就稱不上是幸福的人生。

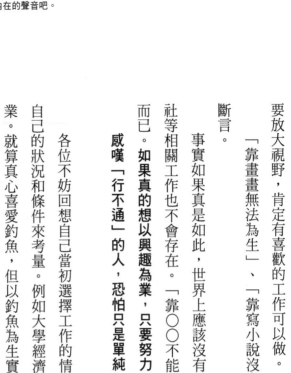

既然如此，可以試著轉換想法。如果喜歡釣魚，就從這一點開始思考。什麼工作可以一直釣魚？可以在釣具店工作，也可以成為一位釣具專家，或者也可以在釣魚雜誌出版社工作。肯定有許多相關工作可以做。不要考慮薪資或將來的穩定度等因素，而是以喜好為優先考量來選擇工作，這樣才有辦法成功。因為做喜歡的工作不僅多少可以忍受辛苦，努力付出也不以為苦。相反的，因為不適合，所以才會覺得工作愈來愈辛苦。

我有個朋友畢業於某知名大學的商學院。他身邊的所有人都以銀行工作為目標，只有他卻明白自己沒有興趣。後來畢業後經過幾年再見面，沒想到他竟然又重回學校就讀牙醫系，後來成為一位牙醫。

問他為什麼這麼做，他表示「因為我從小就喜歡玩模型」。仔細想想，從針對小東西進行加工這一點來看，玩模型和牙醫倒是具備相同性質。玩模型玩到最後成為牙醫，可見職業真的很有趣。

不管做什麼，都要重視自己的興趣。包括從小的興趣，或是一直想嘗試的事。不需要一開始就否定這些東西。所謂興趣，一定可以為工作開拓更寬廣的視野。正因為感興趣，所以可以激發出新的想法，有時甚至可以拯救自己。

不僅如此，重視興趣，也等於是愛惜自己的人生。

——夢想可以做大事

夢想不是遙不可及的東西

面對工作，每個人都會抱持夢想和目標。希望工作上成為一流的人、受人尊敬，或是像賈伯斯一樣被稱為天才等。這種夢想每個人都有。

只要朝著夢想努力，一定可以離夢想更近一步。就算無法成為賈伯斯，肯定也可以成為匹敵的對象也說不定。最重要的是要相信前方一定有路。

只是，要想接近夢想，必須努力去做現在自己能做的事。必須對現在該做的工作全力以赴。

可惜的是，很多人都沒有付出這些努力，只是空想著要成為他人崇敬的對象。

任何一位成功者或偉人，都不是一兩天就擁有這些地位。而是一步步不斷地往上爬，最後回過頭來才發現自己已經身處高處。與其說是自己立志成為一個成功的人，其實是不自覺地就被身邊的人譽為成功者。不是嗎？

活躍於中國唐代的百丈禪師曾說過一句話：「一日不作，一日不食。」這句話雖然解釋為「沒有做事的人，就不應該吃飯」，但意思並非因為沒做事，所以不能吃飯。

百丈禪師當年不顧高齡，仍然每天和弟子一起辛苦務農。有一天，擔心禪師身體狀況的弟子們於是將他的農作工具藏起來。禪師不得已，當天什麼事也沒做。

後來，那天禪師完全不吃飯，弟子問他為什麼不吃飯，他的回答正是這句「一日不作，一日不食」。

作務對禪僧來說是非常重要的勞動，也是身為人最基本的行為。換言之，禪師所要傳達的意思是，因為沒有做該做的事，所以自己沒有資格吃飯。也就是說，吃飯是對做了該做的事的一種犒賞。

每個人都有現在自己該做的事、非做不可的事。不只是在職場上工作，還有各自身分應該做的事。對於這些事，每個人都必須要有清楚的自覺，腳踏實地地去做。**不要東想西想地擔心明天的事，只要思考今天自己該做什麼。**這句話說的就是這個重點。

實現夢想就是這麼一回事。

為現在眼前的事全力以赴，如此一來，就能一步步達成每一個目標。然後總有一天，遙遠的夢想會變得愈來愈近。這就是實現夢想的方法。

我希望身為上位者的人，一定要讓底下的年輕人看見自己一路爬上來的過程。要讓他們瞭解一步步往上爬的辛苦，也告誡他們世界上沒有一舉登天這回事，甚至想一步跨越兩三階都是非常危險的事。

而且還要讓他們知道，**最重要的是踏上眼前的階梯。懷抱夢想很重要，但夢想並不是遙不可及的東西。**

通往夢想的路上，有著非常清楚的階梯。而首先你要做的，就是踏出腳步。

回溯自己的歷史，就能聽見自己的真心

——迷失人生的方向

日本在過去，沒有像現在一樣有這麼多行業。農家子女就繼承務農的工作；出身漁家的孩子，國中畢業後就開始出海捕魚。在那個時代，這些都是理所當然的事。對於工作和人生，沒有任何選擇的餘地。雖然會苦悶人生就這麼被決定，但另一方面也會感到安心，因為沒有選擇就不必猶豫。

然而，現在每個人都必須靠自己選擇工作和生活方式。可以自由選擇的代價，當然就是猶豫也變多了。

大家不禁開始思考：

這份工作真的好嗎？

自己是否還有其他選擇？

會不會有更好的機會等著自己去發現？

或者，即便實際上是自己選擇的路，有時候說不定走到一半就後悔了。於是認為自己的選擇果然是錯的。或是雖然做自己喜歡的工作，結果卻只是每天被業績追著跑，才發現現實和想像中的世界完全不一樣。

為人生做選擇，說不定其實充滿了煎熬。選與不選都只有無盡的煩惱。不僅是對工作，甚至連自己的人生都迷失了。認真面對生活的人，更是會遭遇這種煩惱。

當迷失自我、不知道該做什麼的時候，可以去找父母以外的長輩聊聊。如果祖父母還健在，也可以找他們當對象。找一天時間單獨前往拜訪，靜靜地陪他們一同喝茶，聊聊過去的往事。

如果對自己的人生感到迷惘，就問這些長輩，自己的父母一路是怎麼走過來的。

例如：「爸爸他過去曾經在什麼時候感到迷惘嗎？那時候他是怎麼走過來的呢？」

「媽媽她真正想過的是什麼樣的人生？」

「爺爺你小時候最擅長什麼？」等。

「你爸爸他的人生啊，一路都充滿著迷惘呢。」

「你媽媽就只有希望你平安健康就好。」

「爺爺我啊，以前最想當個木工了。」

在這些閒聊當中，應該就隱藏著你的煩惱的解答。就算不是直接的答案，也一定可以從中找到靈感。

因為這當中存在著你的歷史。**每個人生來都是空白的狀態，什麼也沒有，具備無限的可能。而在成長的過程中會學會很多東西**，養成喜好厭惡、擅長和不拿手。在人生的選擇過程中，或許在無意識間選擇了自己不想走的路。這都是受到生長家庭、見識以及父母教育方式等各方面的影響。**因此，我認為透過回溯自己的歷史，就能找回真正的自我。**

將那被各種事物所困而漸漸迷失的真心，重新展露吧。

我有個學生非常想從事設計。他的父母都是從商，對設計等相關工作完全不曾接觸過。然而，一問之下才發現，他的爺爺小時候其實很會畫畫。這是很常見的情況。他並非遺傳了爺爺的繪畫才能，而是繼承了喜愛繪畫的「心」。這就是所謂的遺傳。

當感到迷失自我時，就回老家走走，聽聽自己的歷史，想像自己從父母或祖父母那裡繼承了什麼。

5章

停止尋找答案吧，
這世上根本沒有所謂的正確答案。

先暫時停止思考吧

——感覺思緒受限

在設計庭園時，我經常感到迷惘。來回看著庭園和石頭，絞盡腦汁思考這麼一顆大石頭，究竟該擺在庭園的哪個位置。

但無論我怎麼想破頭，很多時候還是找不到答案。

這種時候，我會讓自己暫時放下思考，專心在其他工作上，不再去想石頭的事，就這樣結束一天。

然後，回到家後泡澡時，靈感就會頓時乍現，「對了！就擺在那裡好了！」

暫時跳脫思考，有時候可以藉由某些事物激發大腦的其他想法。這就是所謂的靈光乍現。

思考點子或對策時，一般人都會坐在桌子前不停地自言自語。想了好幾個點子，卻沒有一個適合。

這種經驗想必大家都有。這種時候，不可能想出好點子。

這時候**最好暫時停止繼續思考。當天就專心做別的事，別再想這件事。如果事態緊急，至少也要暫時停止思考約一個小時。**

一般來說，人無法長時間專注在一件事務上。窩在桌子前不停思考好幾個小時，其實一點用處都沒有。

人的專注力最多只能集中不到一個小時，接下來大多都只是假裝在思考而已。

說到專注，打坐的時間是個很好的例子。

打坐對禪僧來說雖然是很重要的修行，但也不可能一整天都專心打坐。再怎麼讓自己清醒也是有限。前人或許也知道這一點，因此才規定打坐以「一炷香」為單位。也就是一炷香燒完約四十分鐘的時間。

當一炷香燒完，接下來就是「經行」。也就是結束打坐，邊靜走邊慢慢調整呼吸。

「經行」通常都是在禪堂中進行，所有僧侶步伐一致。「經行」對轉換心情來說非常有幫助，嘗試過後會發現，這雖然是一種短暫休息，但是可以舒緩身體僵化，用全新的心情繼續接下來的打坐。

這種打坐的修行，對各位而言也非常有幫助。無論任何工作，思緒真正可以集中的時間了不起只有一個小時。一旦感覺無法再專心，就應該稍作休息，不要再勉強自己。只要思緒卡住，即便只是一會兒時間，就暫時放下思考吧。

可以的話，不妨站起來活動一下身體。像是散散步，或是做點簡單的體操。只要活動身體，自然就能帶動呼吸。

呼吸會直接影響精神，可以讓大腦恢復清醒。假使不方便活動身體，只要做深呼吸一樣也有效果。**所謂「靈光乍現」，並不是靠思考得到的，而是身心調整好之後，無意識間獲得的想法。**

這種時候，「暫時跳脫」是非常重要的一個步驟。

打從一開始就沒有什麼正確答案

——總是想早一步知道正確答案

工作也好，人生也好，現代人總是想立刻知道答案。而且還會強迫對方將自己的答案視為唯一正確來接受。

我瞭解這種想立刻知道答案的心情，不過在這之前很重要的一點是，先問清楚自己的心意。

有個故事提到兩名僧侶坐在寺廟裡。

兩人突然看見寺廟裡的佛幡（類似旗幟的東西，用於佛教儀式中）正隨風飄動。

其中一人說：「雖然佛幡正在飄動，但飄動的其實是風不是佛幡。」另一人提出異議：「不對，實際上在飄動的就是佛幡，不是風。」

究竟哪一個說法才是正確的？兩人對於自己的答案都互不相讓，最後起了爭執。

這時候，慧能禪師正好經過。聽到兩人的對話後，禪師說道：

「飄動的既不是佛幡，也不是風。是你們的心。」說完便離開了。

這兩人的主張都正確，也可以說都不對。**重要的是知道答案並非永遠只有一個，並坦然接受和自己不同的意見**。這就是慧能禪師想傳達的意思。

彼此堅持自己的意見，只會模糊了事情的本質。找出答案成了唯一的目的，卻不知道自己為什麼非得找出答案不可。

人千萬不能執著於一個答案而喪失了重要的東西。

日本人自古以來就很重視「曖昧含糊」。不分黑白，總是以灰色的態度行事，用這種「曖昧含糊」作為維繫來保持人際關係。換成是講求明確答案的西方人，肯定覺得這是個沒有自我主見的民族。

然而，日本人的這種「曖昧含糊」，絕不是軟弱或缺乏主見。我認為正因為有這種不追求唯一答案的精神，所以才孕育出日本人的溫和與體貼的意識。

況且，人生本來就是充滿曖昧不清，根本沒有什麼明確的答案。

現在工作適合自己嗎？現在的伴侶適合自己嗎？這些問題根本就沒有答案。強求一個不存在的答案，只會讓自己更痛苦。

因此，索性不追求答案的含糊態度，相對來說就變得更重要了。

禪問答就是為了提醒世人這個道理。

有個弟子問禪師：「狗子有沒有佛性？」「狗子」指的是「狗」，也就是問禪師「您認為狗有沒有佛性？」。對此禪師的回答是「無」。

不過這裡的「無」，不是單純的「有」「無」，而是指絕對性的「無」。這種一般人難以理解的問答不斷延伸下去，即是所謂的禪問答。這並不是為了導出一個簡單的答案，也不代表放棄尋找答案。

重點在於瞭解人生沒有所謂明確的答案。你應該做的，是面對自己真實的

心靈，尋找那絕非僅有的眾多答案。這尋找答案的過程，才是最重要的。人生中的答案有許多，這些如碎石般集結而成的東西，才是所謂的人生。

心如果累了，就改用身體吧

——無法再振作

直到數年前，日本每年的自殺人口平均都超過三萬人。另外還有其十倍之多的三十萬人自殺未遂，罹患主因之一憂鬱症的人甚至多達六百萬人。光從這個數字看來，實在令人不得不為日本社會感到擔憂。

心情莫名地低落，提不起勁。這種現象從以前就很常見。有時狀態好，有時狀態不好。只要是人，這都是很正常的現象。

在以前，人們會藉由轉換心情來克服、調適這些心理上的不適。所謂轉換心情，就是將這些感覺暫時放在一旁。將現在佔據整個心思的東西暫時忘掉，藉由走入大自然活動身體，來守護自己的身心。

假使說現在的憂鬱症人口急速攀升，職場環境恐怕是一大主因。**人的身心是一體的，心如果累了，可以藉由身體重新振作，恢復精神。相反地，身體如果感到疲憊，也可以透過放慢心靈的腳步來獲得療癒。**

然而，現在的職場環境卻很難讓人可以活動身體。

被關在感受不到自然和季節的水泥建築物裡，成天只是面對著電腦。一直處於封閉的空間，身心平衡遲早會崩壞。

聽說從事農漁業的人很少會罹患憂鬱症。這些人的工作整天都在大自然裡活動身體，雖然也很辛苦，但反而對身心是一種好的影響。

在工廠工作的人，每天早上上工前都會做體操，因為身體僵硬很容易發生事故。坐辦公室的人或許也可以試著這樣做。如果沒有辦法全公司的人一起做體操，也可以自己找時間活動一下身體。

工作累了，就坐在椅子上做些伸展動作。或者乾脆站起來走出辦公室，花個兩分鐘也好，伸展一下全身。這樣就能恢復身心平衡。

如果覺得這麼簡單的事當然能做到自然沒問題。但有人一旦真的感到心靈疲憊時，就連這麼簡單的事，也會懶得提不起勁。即使知道轉換一下心情就沒事了，卻遲遲無法付諸行動。這類型的人，建議可以找時間強迫自己活動身體。

例如試著養成習慣，利用午休的五分鐘時間，在公司一個人靜下來打坐。不坐在地上也沒關係，坐在椅子上或站著，一樣也可以打坐。現在甚至還有「椅坐」和「立坐」的方法。靜下來想像身邊有個圓圈，專心慢慢呼吸，什麼都不要想。

另一種方法是刻意為自己製造不便。現代人都不喜歡不方便，這也無可厚非，畢竟現在是個講求效率的社會。

不過，**事實上人類並不是有效率的生物。正因為有許多無謂之事，所以人**

類才得以生存。而且在這些無謂之事當中，人可以獲得平靜和幸福感。

現在幾乎所有公司都是以電子郵件和內線電話來作為聯絡工具。這些工具因為可以瞬間做到傳達，因此確實很有效率。不過，這時候你可以刻意靠自己的腳去傳達。走樓梯到對方所在的樓層，告訴對方你想說的話。**透過這種稍微不便的方式，意外地可以讓人感到心情煥然一新。**

治療心病最有效的藥物，其實就在身邊。

——工作上無法發揮所長

人有無限可能，不要在意結果和評價，只管專注在眼前的事情上

佛教認為，每個人都是帶著單純無邪的心來到世上，無一絲不潔，心有佛相。

請各位回想自己小時候，看待事物想必都十分單純。對於美的事物就只會感到漂亮。

不在意他人的眼光，誠實面對自己的心靈而活。這才是最真實的樣子。

也不會滿心盤算計較。交朋友只憑是否合得來這麼一個單純的標準。也完全沒想過因為對方成績好而交朋友，以奢望對方能教自己功課。或是因為對方有錢而來往，試圖從中獲取甜頭。

然而，隨著年齡增長，人開始透過有色眼鏡來判斷他人。面對有頭銜的人低聲下氣，對於覺得比自己低下的人就態度盛氣凌人。總是以利益得失來建立關係。

到最後比起自己，只在乎周遭人的評價，所以自然而然變成這副模樣。這已經完全偏離了正常，不再是真實的自己。

對於自我評價可以說也是如此。每個人一定都具備能力。能力雖然各有不同，但沒有一個人是毫無能力的。大家都有各自厲害的才能。

既然如此，為什麼不發揮自己的才能，不將焦點放在自己具備的能力上呢？其中原因還是因為只在乎他人的評價。

舉例來說，你知道自己的能力，可是卻得不到上司的肯定，總是被罵「你怎麼這麼笨」。如果一心只想不惹怒上司而獲得肯定，自信只會愈來愈弱。到最後變得自我貶低，對自己難得的才能設下了限制。這實在非常可惜，而且這也不是真正的你。

人類擁有的能力無可計量，據說大部分的人都只開發了大腦百分之二至三的能力。換句話說，每個人的能力和可能性都還有無限多。

最重要的是面對真正的自己，不受周遭評價的影響。

不過，只要在組織內工作，就不可能無視上司的評價。即便主張「這才是真正的我」，但如果不受肯定也無可奈何。既然如此，究竟該怎麼辦呢？

答案就是盡全力做好眼前的工作。

對於現在自己正在做的工作，無關自己是否有意願或適不適合，總之就是要全力以赴。

就像孩童時期一樣熱中到幾乎忘了時間。**不在乎結果，一心只專注在眼前的事情上。這份專注，將會激發提升你的能力。**

千萬不要迷失了真正的自我，更不要小看了自己具備的能力。

而且，與其和他人比較，要意識到自己是獨一無二的存在。
換句話說，活著就是珍惜自己。

——想擁有財富

一旦眼光侷限在金錢上，很奇妙地財富就不會靠近

在現代社會，無論如何都需要錢。我們僧侶的工作雖然是修行，但每天的生活還是需要錢。我完全不覺得錢一點都不重要。

更別說如果是一般人，對財富無虞的生活有所期待也是很正常的事。而且正因為多少希望生活可以更有餘裕，所以才每天努力工作。

只不過，工作的目的難道只是為了賺錢嗎？我想無論什麼工作，都不是存

得到錢就好了。因為只有財富，並無法成為工作的目的。

說一個極端的例子給各位聽。在過去越戰時代，有許多美軍為國犧牲。這些在越南喪命的美軍，屍體全被運往了位於日本橫濱根岸的美軍基地。也就是說，在運回美國之前，先被運到了日本。運到日本做什麼呢？這些在戰爭中嚴重受損的遺體有的缺了手腳，有的面貌遭毀。就這樣回到家人面前實在太過可憐，所以要先送往日本修復遺體，之後再運回美國。

由於遺體數量實在太多，基地人力不足，因此找來了附近的日本人打工協助，負責清洗遺體，縫合受傷部位等。據說做一天就能賺到三萬圓。當時的三萬圓換算成現在的金額，是相當大的一筆錢。

衝著這筆錢，許多人都跑去做這份工作，不過幾乎所有人都撐不到第二天。因為據說無論可以獲得再多錢，這份工作都太痛苦了。

然而，對於駐守在基地的美軍來說，他們做這份工作並沒有獲得任何額外補助，為什麼就做得到呢？

簡單來說，應該是因為「使命感」吧。自己的同伴因為戰爭喪失性命而被送到這裡，所以希望至少可以幫這些毀損的身體重新恢復完整。因為有這份心意，所以可以忍受修復遺體這痛苦的工作。這一點只以錢為目的的人是辦不到的。

這雖然是個殘忍的故事，但我認為其中可以看出工作的真正意義。**無論什麼工作，一定都有它痛苦和嚴峻的地方，絕對沒有一份工作是只有快樂。**

既然如此，是什麼動力讓人可以面對工作中的嚴峻呢？答案絕對不是金錢，而是對工作真誠的使命感和執著。少了這些，恐怕就無法完成工作了。

有些人總是將利益得失掛在嘴邊，例如這份工作可以賺錢、那份工作賺不了錢，所以隨便應付一下就好。或者是對可以得利的人低聲下氣，瞧不起無利可取的人。這樣的人，我還沒看過有誰最後真的變成有錢人。

這或許是因為眼光侷限在金錢上的人，很奇妙地財富自然不會靠近。

在我寺廟的信眾當中，有許多所謂的成功人士。這些人的共同點，就是對工作的「執著」比一般人強烈上一倍。

若是以上述在美軍基地的工作來說，這些人就是可以忍住淚水面對遺體的人。

為自己營造不便與接觸大自然的機會。與其用大腦思考，更重要的是用身體去感受。

——感覺腸枯思竭

僧侶在打坐時通常什麼都不想。不會東想西想，完全任憑思緒放空，淨空整個心靈。

大腦雖然什麼都不想，身體卻敏銳地感受著身邊的變化。

例如在嚴冬中覺得早晨特別寒冷，在盛夏感覺汗流浹背。焦點全放在這些感覺上。

冷熱沒有形狀，既看不著，也無法用大腦理解，是一種人的身體感覺。

也就是說，正因為活著，所以才能感覺到冷熱。就像捏手感覺到的疼痛，也是因為活著才有的感受。

假設氣象報告說今天氣溫最高溫只有五度。

聽到五度就會讓人感覺變冷。這種心情大家都能瞭解。不過事實上，五度這個數字沒有任何意義，因為這只是大腦思考的一個數值。

同樣是五度，也有人覺得溫暖，更有人即便三十度也感覺涼爽。

也就是說，自己的感受最重要，用大腦思考意義並不大。

面對工作也是一樣。如果一直專注在數據和資料上，會讓人漸漸迷失事物的真正意義。以出貨為例，假設明天開始進入十二月，準備更換冬季商品。在溫暖的辦公室裡用氣溫來預測外頭的寒冷以備貨，這當然沒有什麼不對，但總覺得似乎偏離了本質。

真正重要的不是用大腦思考，而是親自走到外頭，用身體去感受。例如雖然已經是十二月了，但今年的冬天很暖和。或者，櫻花雖然已經綻放，天氣卻還是很冷。像這樣用自己的身體去感受，就能發現許多事物。

苦惱沒有靈感、想不出點子時，不妨走出戶外，感受一下大自然。一整天坐在桌子前盯著電腦看，恐怕也想不出任何東西。不如離開辦公室，就算只有五分鐘也好，到外面呼吸一下大自然的空氣。

感受輕風吹撫，讓雨水沾濕肩頭，為酷熱汗流浹背。實際感受活著的感覺。透過這些感受，靈感自然會浮現。

這是因為所有商品和企劃都是以「活著的人」為對象而設計。

而這種作法就等同於打坐。

另外還有一點是，別讓自己每天的生活過於便利。

例如從一樓要到五樓的辦公室，搭電梯確實比較快，但這樣的效率不會為自己帶來任何感受。如果換成爬樓梯，就會有許多發現。例如稍微流點汗，才知道原來春天已經來臨。

除此之外也可以發現身體的變化。例如以前爬樓梯都很輕鬆，今天才爬到四樓就覺得喘，可能是身體狀況變差了。

這就是所謂的活著。

告訴自己，不便並非完全是壞事。

以前覺得從車站走到家裡得花二十分鐘太久了，現在不妨把這每天來回的四十分鐘，當成是接觸大自然的時間。

你才是被指派工作的主角，拿出主角的氣勢來面對吧

——工作痛苦卻無計可施

我從年輕的時候就很喜歡庭園設計的工作。空間設計對我來說很開心，我一直將它當成興趣來做。做著做著，我對大自然愈來愈感親密，後來從某個時候開始，就將它當成工作來做了。

但是，也不能因此就對住持的工作隨便應付了事。以前我經常為了設計的工作忙到深夜，但無論再怎麼晚睡，我還是盡量讓自己凌晨四點半就起床誦

經。因為這是身為一個僧侶不可懈怠的工作。

很多人常問我，這麼忙，身體一定受不了吧。

我之所以辦得到，是因為無論設計或僧侶的工作，都是出自於自願。

如果對其中任何一項感到「被強迫去做」，當下應該就會立刻放棄了。

工作一旦感覺被強迫，馬上就會變成一件痛苦的事。例如因為上司的命令或期限而做。大部分的人應該都有這種感受，事實或許確實是這樣沒錯。

不過，如果無論如何都非做不可，不如發自內心去面對。

請各位思考一下。即便是上司指派的工作，一旦落到自己身上，就是自己的事。**主導這項指派工作的人，正是自己。**

這不是任何人的事，而是由自己主導的工作。只要這麼想，就會產生動力去做協助角色做不到的努力。

例如想辦法讓資料整理得更清楚易懂，或是想辦法在兩個小時內完成上司要求三個小時必須完成的工作。

無論是再簡單的工作，只要抱著「我要讓大家見識到只有主角才辦得到的

氣勢」的態度去面對，工作就會變得愈來愈有趣。

此外，也有人是對工作本身感到厭惡，認為肯定有更適合自己的工作。我要告訴這些人的是，所謂工作本來就是一件痛苦的事。以比例來說，痛苦的感受佔了八、九成。

不過，如果剩餘的幾成感受是快樂，就表示是適合自己的工作。這種時候，就用這僅有的幾成快樂作為支撐，盡力去面對吧。總有一天在不自覺中，快樂會從原本的三成慢慢愈變愈多。

如果是讓人完全感受不到快樂的工作，應該早就從這世上消失了。以這種角度來思考，所有現存的工作，一定都有讓人快樂的地方。

禪的思維主張，人要以自己而活。這世上所有的人，自己就是主角。不要用他人的人生來過自己的生活，每個人都要活在自己的人生中。這一點千萬不能忘記。

如果羨慕他人的工作或公司，更應該謹記這個道理。

到頭來，和他人的人生比較一點意義也沒有。**你的人生的唯一主角，就只有你自己。**

你被付予的工作，只能由你主導去做。

如果你正對工作感到被強迫，就表示你沒有真正面對自己的工作。假使覺得工作就是這麼一回事，反正都是受上司指派，這種扭曲的態度將會讓你無法前進，錯過真正重要的東西。

認真面對工作吧。這就是身為主角的你的任務。

——感嘆際遇不好

身處任何處境都不變的態度

據說人在面對死亡時，腦子裡會閃過各種念頭。而大多數的人都會感到後悔。

回顧著人生，惦記著那些沒有完成的事而感到後悔。事實上，即便是每天修行的僧侶，也很少人可以毫無遺憾地面對人生的最後一刻。

以下是某個我寺廟信眾去世時發生的事。

他的兒子來到廟裡跟我討論葬禮的相關事宜。這位離開的信眾雖然年事已高，但畢竟身體還算硬朗，於是我問他兒子父親臨走前是否留下任何遺憾。

沒想到聽完他兒子的話，我簡直不可置信。

「父親臨終前喊了一聲『我的人生實在太棒了！』，然後就離開了。他的表情安詳，宛如對這個人世沒有留下任何遺憾。」他兒子說道。

這是多棒的一件事啊，可以在臨終前大喊「我的人生實在太棒了！」。

這恐怕只有確信自己一生沒有白活，才有辦法說出這樣的話。

一問之下才知道，這位信眾在戰後一個人從中國滿洲被遣送回日本後，在某家大型汽車公司擔任銷售員的工作。

後來他調往子公司，在那裡研發出汽車控鎖系統，甚至還研發出日本第一個置物櫃。

他的興趣是打高爾夫球。後來他想到可以在高爾夫球場裝設置物櫃，於是開始每天勤跑各大球場，除了打球以外，也推銷自家的置物櫃。到最後，全國的高爾夫球場幾乎都採用了他研發的置物櫃。後來，他一路當上了該公司的社長和會長，成為一位成功人士。

然而，他的這一句「我的人生實在太棒了！」，並不是因為自己的成功。他一直都很喜歡高爾夫球，透過這項興趣，他研發出為公司帶來利益的產品。而自己研發出來的產品，也受到許多人的喜愛。據他兒子表示，這才是他最開心的地方。

他對於自己被付予的工作全力以赴，也在工作中找到自己該做的事。一回神才發現達成了只有自己才做得到的工作。這種成就感，就像活出自己的人生。我想只有擁有這種成就感，才是身為人的幸福。

而且，**這種只有自己才辦得到的生活態度，也會讓人無論面對任何工作都能勝任**。和是否在大企業工作，或者工作是否光鮮亮麗等，完全沒有關係。

無論處境為何，自己的人生都有辦法走下去。只要可以在身處的環境和天生的才能中，盡全力做好自己該做的事，每個人都能擁有活出自我人生的成就感。都可以用一句「我的人生真的太棒了！」結束自己的一生。

建立什麼樣的家庭、交出什麼業績，這些都不過是人生的過程。只要活出自己的人生，這些自然會隨之而來。

你的人生不屬於他人，是你自己的東西。請好好確實面對這個再理所當然不過的道理。

沒有人想留下遺憾，大家都希望自己在人生最後一段路可以心滿意足地離開。既然如此，就要用盡全力去做自己現在該做的事。

不與他人比較，也不要煩惱或感嘆自己的際遇。只要專心一志在自己該做的事情上就好。

嫉妒他人絕不會讓自己有所改變

——不容許以非正當手段獲取成功的人

不自覺地就拿自己和他人比較、不自覺地就羨慕起對方，甚至說對方的壞話。這種缺點每個人都有。

在組織當中，總會有人是透過巧妙討好上司來換取成功。我們也經常可以看到大家都心知肚明那不是靠實力換取來的成功。不過，人都有情緒，會有這種感覺也是無可奈何的事。

對於用這種方法獲得成功的人，很多人會口出惡言批評，例如「那只不過是嘴巴甜而已。我才不做這種事」。

然而，倘若真的這麼想，應該絕對不會羨慕他人才對。一定是因為自己也想這麼做，實際上卻辦不到，所以才會心生羨慕。

羨慕、嫉妒他人，到頭來不會為自己帶來任何好處，只會衍生出負面影響而已。也就是看扁自己。

但話雖如此，只要在社會上打拚，要完全不和他人比較實在很難。人總是會不經意地在意起他人，這也是人性的特徵。

這時候真正重要的，是自己究竟在意對方的哪一點？是他的收入或家庭等物質上的東西？還是他在職場上的地位和評價等。如果是專注在這些事情上，可以說是將自己的人生浪費在最無謂的事情上。

因為如果從這些角度拿自己和他人比較，雖然羨慕對方，但自己絕對不會做任何改變。

因為羨慕而發憤圖強也就算了，假如只會抱怨，就更應該將焦點放在自己該做的事情上才對。

不禁會拿自己和他人做比較的人，都是看見對方的「光鮮亮麗」。不過，我要不斷重申的是，對人來說最重要的，是努力活在「現在」這一刻。

不考慮結果，只為「現在」應該做的事全力以赴。這樣的人，會讓身邊感受到魅力和活力。而且，全力以赴的人通常會吸引許多人靠近。

隨著人的聚集，自然會帶來好的結果。這就是這個社會的運作法則。

仔細觀察那些發光發亮的人，並且審思自己是否也付出像對方一樣的努力。

禪語有句話叫作「薰習」。在日本自古以來則有換季的習慣。

在季節交替時，人們會將線香放入衣櫃中充當防蟲劑，並將過季的衣服收好。等到季節走過一輪，取出之前收好的衣服，衣服上就會充滿線香的香氣。

這股香氣並非來自衣服本身，因為衣服原本並沒有任何香氣。這股香氣，其實不過是從線香薰染而來的味道。

禪告訴我們，人也是同樣的道理。

也就是說，**在努力綻放光芒的人身邊，不知不覺中那份光芒也會轉移到自己身上，因為自己可以從對方的言行和思考中學習到許多而跟著成長。**

這股光芒不一定要光鮮亮麗。努力全力以赴的人，肯定都會在暗地裡綻放出美麗的光彩。

拋開羨慕的心情，讓自己擁有一顆「薰習」的心吧。

最重要的，是想清楚自己的焦點要放在哪裡、要學習什麼。

6章

不必著急，
就讓一切順其自然。

——苦惱事情無法持之以恆

別過於認真，「放輕鬆」就好

最近的年輕人經常被說心靈太脆弱。上司罵個兩句，整個人就垂頭喪氣。甚至還有人會因為這樣就辭職。確實，現在已經是個富裕的社會，或許不再需要像以前一樣擁有堅強的意志。但我認為原因不只是這樣。

現在的年輕人都太過認真了。

對於被指派的工作，不但覺得非完成不可，若無法達成，甚至會因此感到自責。

力。

比起受人責備，自責更是痛苦。繼續這樣下去，精神上也會慢慢感受到壓力。

學會讓自己更「放鬆」吧。

所謂「放鬆」，不是指偷懶或敷衍了事。而是在某些地方放鬆自己的壓力，瞭解什麼是對自己而言「恰到好處的放鬆程度」。

對於交代的工作抱持百分之百達成的鬥志很重要，不可以一開始就想敷衍了事。

只是很多時候，現實並不會照預期發展。一般來說，上司在指派工作給下屬時，都會給予超乎下屬能力的工作。因為如果盡派一些輕鬆就能達成的工作，下屬的能力不會有任何成長。或者，有時候正因為對下屬的將來抱持期望，才刻意訂立較高的目標。

如果已經盡了百分之一百二十的努力，卻只達到百分之八十的成果。既然如此，接下來就以百分之百達成為目標繼續努力。這種反覆努力的過程，不正是所謂的工作嗎？

坦然接受無法達成目標的事實，用某種「放輕鬆」的態度平衡內心的得失。這才是各位應該學會的方法。

煩惱大致可分為三類。一是可以靠自己的努力解決的事。例如處理行政事務的動作太慢、不擅長整理製作資料等，這些都可以靠自己的努力解決。

第二類是不必要的煩惱。例如想出國玩或想買新車，可是沒有錢。這一類的煩惱只是在浪費人生而已。應該盡快拋開這些欲望，讓自己更專注在該做的事情上。

最重要的是第三類的煩惱。也就是靠自己的能力和努力都無法達成的事物。人生中一定有這種煩惱，例如遭遇災害、突然罹病等，這些都會令人感到痛苦。

面對這種煩惱時，不必勉強自己一定要解決問題，一切就任其自然發展吧。

有句話說「任運自在」。意思是這世上所有事物都會自然運作。春天花會開，秋天枯葉落。只有在超越人類知識的自然界中，人才有辦法繼續生存下去。

既然如此，就別逆道而行，試著讓自己任其自然發展吧。如此一來，現在的煩惱總有一天會漸漸變淡。這就是這句話所要傳達的意思。

「煩惱也無濟於事。算了，船到橋頭自然直。」這種態度同樣也很重要。

——覺得自己沒有人緣

人生的基準不在於成績地位，而是留在他人心中的印象

我主持過許多場喪禮，每一次看見這些「生」與「死」的模樣，都讓我深有感觸。一個人擁有什麼樣的人生、人際關係如何等，在喪禮上都可窺見一斑。

以下是我主持A先生和B先生兩位信眾的喪禮的經驗。A先生任職於某大企業高層，平時總是一身氣派裝扮，舉止端正威嚴。針對他的喪禮，家屬在討

論時表明希望可以舉辦一個符合他身分印象的盛大儀式：「我先生生前是〇〇公司的董事，出席喪禮的人肯定很多。請您好好安排，別讓他丟臉了。」

我依照家屬期望做了安排。

但是最後，守靈當天並沒有出現如家屬所說的眾多出席者。少數出席的人也只是拈完香就隨即離開了。隔天的告別式也是一樣，只有三三兩兩的人。家屬落寞的樣子，實在令人感到可憐。

另一個例子是B先生的喪禮。B先生生前經營一家小工廠勉強維生。工廠好幾次幾乎面臨倒閉，全靠他死守努力撐下來。別說什麼亮眼的業績了，他不過只是為了員工和家人的生活腳踏實地工作。他總是一身工作服裝扮來到寺廟，笑容滿面的親切模樣，讓人印象深刻。

B先生的兒子在討論父親喪禮時表示：「我父親不是什麼有名的人，我家也只是個小工廠，客戶就那些，來參加喪禮的人我想應該不多。預計約一百人應該就夠了。」

再加上也支付不起太多費用，因此他兒子打算喪禮簡單辦理就好。

然而，最後豈止一百人，從守靈當天開始，出席者就接連不斷。大家拈完香後也沒有立刻離開，全來到他兒子身邊表達問候，說的盡是感謝。

「你父親幫了我很大的忙」、「我能有今天，全是因為你父親」、「我本來打算總有一天要報答他的，真的很遺憾」等。

甚至有人淚流滿面地緊握著他兒子的手。他兒子也同樣淚流不止地握緊對方的手。

儀式結束後，他兒子告訴我：「原來父親受到這麼多人的敬重。我打從心底以他為榮。」

我並非想比較A先生和B先生的喪禮來有所影射。只是，那時候我才瞭解，一個人死後的情況，可以說正是生前的寫照。

所謂美好人生究竟是什麼？

美好人生無法用成就或成功的次數來表現。那應該是留在他人心中的印象吧。

「有他真好」、「想到再也見不到他，就忍不住感到難過。」為多少人留下這種思念，為多少人奉獻自己。

我想，這才是判斷人生是否美好的基準。

——丟了工作

什麼都沒有，表示什麼都可以做

業績不好被公司裁員，或是公司倒閉沒了工作等，這些情況都會給人帶來相當大的打擊。

再加上如果有家庭要照顧，更是會讓人陷入絕望中，感受到看不到未來的強烈不安。

雖然感到絕望，但如果一直陷在這樣的情緒中，一步也無法向前。

就像有句話說「轉禍為福」，你必須將不好的遭遇朝正面的方向改變。

如果被無故裁員，就將它轉化為動力。

「我要找到更好的工作，讓把我裁員的公司瞧瞧」、「我要努力做給他們看，讓他們後悔將我裁員。」只要有這種氣概，下一份工作肯定會很順利。

很多棒球選手在被球團解聘後，在下一個球團反而打出亮眼的成績。這背後肯定是因為「我要做給他們看」的強烈心情。反過來說，這或許也表示自己在前一個球團多少有些鬆懈，認為即便不努力也能拿到下一份合約。這一點我想一般上班族也是如此。

這家公司可以一直待下去，所以與其做不好被批評，不如安安穩穩地做好交代的工作就好。這樣的人，肯定會成為裁員的對象。

不過，最近很多人是因為強震等天災的緣故失去工作。對這些人來說，實在很難重新再振作起來。甚至有人會因為遭逢重大災難而一直陷入絕望谷底無法跳脫也說不定。

對於這些人，我想送他們一句話：「本來無一物」。

人生來時「空無一物」，換言之就是什麼都沒有。大家都是赤裸裸地來到這個世上。

然而，隨著長大成人、在社會上生活，人開始擁有各種東西，包括財富和工作，或是家庭、朋友等。透過獲得許多東西，人開始感受到幸福。

但是，人對於失去得手的東西會莫名感到恐懼，因此會拚命想抓住而不放手。這就是所謂的執著。一旦產生執念，就會萌生不安和恐懼的心理。

得手東西不是壞事，但執著於得手的東西，會成為對自己的一種折磨。

人身無一物地來到這個世上，最後又身無一物地離開。雖然這麼說可能不會讓人感到寬慰，但還是希望各位可以將這句話放在心中。

雖說**人生來空無一物，但絕對不僅是空無一物地存在。禪語也有句話說「無一物中無盡藏」。意思是雖然人本來什麼都沒有，但是在這空無一物當中，也藏著無限的可能。**

失去工作很可怕，會讓人感覺彷彿過去的努力全被抹殺。不過，**正因為失去，所以才有無限的可能。**

什麼都沒有，等於什麼都有可能。

與其停滯在絕望中，更重要的是朝前方大步邁進。

——對一成不變的日子感到厭煩

昨天和今天，是完全不同的日子

早上起床沒吃早餐就出門，揉著惺忪睡眼朝車站走去，搭上擁擠的電車一路搖晃到公司。才到公司，已經一身疲憊，桌上還堆著前一天沒做完的成堆工作。

嘆了口氣，坐下來開始工作。不一會兒午休時間到了，吃著超商買來的飯糰，眼睛一刻也沒離開過電腦。下班的鈴響毫無意義，因為今天又要加班了。好不容易回到家，沖完澡就直接倒床入睡。幾個小時後，又是早晨的開始。

「這種生活究竟要持續到什麼時候」、「難道自己就這樣結束一生嗎」？

想必各位都曾突然出現過這種念頭。

一般忙碌的上班族，或許大多數的人都是這麼想的。

即便是自己喜歡的工作，在冗長的生活中，也會產生各種煩惱和糾葛。

任何工作一開始都是充滿刺激，令人感到興奮。每個人都相信這種滿足會一直持續下去。可是，人是會習慣的。

一個月前才剛開始的新工作，那份曾經讓自己無比興奮的工作，如今卻變得平淡無趣。

當認識到做什麼事會有什麼結果時，從那一刻起，人就會對工作感到習慣。也就是所謂的一成不變。

一般人總是用負面來看待這種一成不變的感覺。這是不對的。理由有兩個：第一，**感到一成不變，就代表自己的能力已經提升。過去花一天完成的工作，現在兩個小時就能做好。這除了成長以外沒有任何原因。**

另一個是理由是，工作沒有所謂的一成不變。即便看似相同，卻沒有完全

一樣的工作。不是工作一成不變，只是自己對工作的應變變得制式化而已。

到頭來，只是自以為每天過著同樣的生活。

請各位要瞭解，昨天和今天，是完全不同的兩個日子。

「繼續這樣的生活真的好嗎？」這種煩惱只是自己的庸人自擾。也就是說，「一成不變之類」的煩惱，全都是沒有必要的煩惱。但有時候生活中就是會出現這些煩惱，這種時候，我建議各位可以去參拜。

去掃墓也可以，到寺廟或神社參拜也行。或是在通勤路上看到的地藏菩薩也無妨。花個幾分鐘時間就好，雙手合掌，靜靜地向祖先表達感恩之意。

日文有個說法叫作「お蔭さま」（託您的福）。這裡所謂的「蔭」，指的是像祖先一樣不曾見過面的人。

素未謀面的眾多祖先，以看不見的庇蔭守護著自己。瞭解自己之所以可以像現在這樣活著每天工作，也全都託祖先庇蔭所賜。

與其抱怨「我討厭這種生活」，應該對給予自己生存這般美好體驗的眾多先人們，抱持「託您的福」的心情。

而參拜，正好可以讓人意識到這一點。

成功了很棒，失敗了也沒關係

——付出努力卻得不到結果

為了某件事拚命努力，結果卻是失敗收場。對於這樣的結果，人總是會感到耿耿於懷。

然而，**以禪的思維來說，成功也好，失敗也好，其實都一樣。成功了很好，失敗了也沒關係。**

結果是成功或失敗都一樣，都會成為自己寶貴的經驗。也就是說，無論成功或失敗，都沒有好壞之分。因此就算失敗，反省過後再前進便是。

只不過，無論結果如何，都不能少了讓人不禁流淚的努力。

不管成功或失敗，曾經全力以赴的努力，都會令人流下歡樂或懊惱的淚水。只有在這淚水當中，才會讓人發現人生的真實。

中途放棄或是用玩世不恭的態度面對，不會讓人流下一滴眼淚。即便成功了，這份成功也不會成為人生的養料。只有盡全力努力的態度，才會帶領自己走向幸福。

當然，如果失敗了，就必須反省為什麼失敗。任由失敗發生而不反思，只會再犯相同的錯誤。這樣的失敗，無法成為經驗。

禪所說的反省，絕對不是自我否定，不是對自己批評、究責。對自己的努力不足感到懊悔當然很好，但千萬不能過度自我追究。

換句話說，反省雖然有其必要，但不要因此否定了自己過去的努力。

愈是認真的人，愈會對自己究責。這可能會導致心病發生。這實在沒有必要。各位要有明確的認知，反省和自我批評是完全不同的兩回事。

有句禪語說「割鏡不照」。意思就如同字面是「破掉的鏡子，沒有辦法再映照出東西」。換個方式來說就是「已經發生的事，就算擔心煩惱也無濟於事。有時間擔心，更重要的是用這股精力讓自己向前邁進」。

這句話說得一點也沒錯。成功雖然令人開心，但不能一直沉浸在喜悅中，必須往下一步邁進。

失敗了雖然懊惱，但不要只會後悔，確實反省之後就忘記失敗，繼續向前。也就是活在「現在」，而不是過去。

我經常對喜歡擔心煩惱的人這麼說：

「別擔心，事情總會有辦法解決」、「已經發生的事情就發生了，還是忘了吧。」

各位也可以試著這麼告訴自己。不要只是在心裡想，要實際說出口。

很奇妙的是，說出口的瞬間，心理就會產生正面能量。這一點已經獲得腦科學家的研究證實。

藉由說出「別擔心」，可以使大腦迴路轉為正面思考。一旦大腦變成正面思考，實際上身心就會產生力量。

面對失敗，有些人會感嘆「我失敗了，我的職業生涯已經結束了」。不過請先冷靜思考。這世上真的有如此致命的失敗嗎？如果是犯罪就另當別論，但一般來說，幾乎很少會發生足以左右人生的失敗。

失敗個一兩次，「別擔心，事情總會有辦法解決。」

——人生的成功究竟是什麼？

臨終前覺得「這一生過得值得」，就是最棒的人生

很多人常會說「我想成為成功的人」、「我想成為人生勝利組」。不過，人生中所謂的成功究竟指的是什麼，這是個非常難回答的問題。

就像有人會說「我的人生沒有一絲後悔」，臨終前覺得自己的人生「活得很值得」、「很有趣」、「過得十分開心」的人，我認為才是人生的贏家。

很少人可以說出自己沒有任何一絲遺憾。說得出這種話的人只有少數。即

便如此，只有自己覺得過得很值得，才算是成功的人生。

回想自己一生充滿許多痛苦的煎熬，相對的也有很多快樂的回憶。例如工作上的成就感、第一次抱孫子時那種無以言喻的幸福等。人在臨終前，都是帶著這些各種回憶，踏上另一個世界的旅程。

死後只留下物品和財產，絕對不能算是成功。因為人並不是為了這些而活。走得讓許多人感到惋惜；除了家人以外，還有許多人來到喪禮上，訴說著生前的回憶；在眾人的感恩中離開人世。我相信這才是成功者的人生。

另一方面，許多人對於過去的成功都無法放手，期待可以像以前一樣再次獲得偉大的成功。但愈是焦急，一切愈不順利。相反的，也有人一心只在意過去的失敗。認為自己反正不會成功，再做也是失敗而已。

像這樣一直被過去所困，實在很對不起自己的人生。**我想告訴正在閱讀本書的各位，你的人生還沒有結束。**

各位現在正走在人生的中途，並不是活在過去。所謂「活出」人生，意思

是只活在當下這一刻的現在。停滯在半途中什麼也不會發生。真正重要的是努力活出人生，直到終點。

中途停滯不前或陷入懊惱，這才是人生的失敗，不是嗎？

所謂人的幸福，只發生在人與人的關係中。這世上只有自己一個人擁有幸福。這種事情絕對不可能發生。只有身邊的人也感到幸福，自己才有辦法體會到幸福的感覺。成功也是一樣。即使只有自己成功、獨自取勝，也不會獲得真正的幸福。

佛教認為所有事物只有透過與他人產生關係，才有辦法存在。因此佛教告訴我們**為人奉獻，分享幸福，對人來說才是真正的幸福**。或許很多人會想，如果自己有餘力，也想為困難的人做點事。

不過，所謂為人奉獻的真正意義，指的是即便在金錢上或心靈上沒有餘力、什麼都沒有，也願意與人分享的心意。就算不如對方富裕，但**最重要的是**

仍願意在自己能力範圍內與對方分享。不需要豐富的物質品，就算只是笑容也好。因為誠心為他人奉獻本身就是一種珍貴的精神。

這種珍貴的精神，會帶領你走向真正的成功。

——找不到人生的意義

生命的意義和人生的意義，必須花一輩子來探尋

什麼是工作？活著又是什麼？自己又是誰？每個人都有想尋找這些答案的時候。

不過，這些問題的明確解答，恐怕就連高僧也無法回答。因為，這些答案必須靠你自己去尋找。

這世上的真理不在遙遠的他方，事實上就在你我身邊。

舉例來說，請各位看看身邊的大自然。一到春天，花草萌芽，美麗的花朵終於綻放。這是人類的力量絕對無法達成的事。雨落雷鳴，大地震搖。這些也不是靠科學或數字可以控制的。在這些背後，存在著所謂的大宇宙的真理。

透過接觸這些大自然的真理，人類可以找到自己一路走來的存在和生存方式。

然而，現代人已經離大自然愈來愈遠了。在都市中，多數人生活在水泥建築裡，在感受不到生命力的辦公室裡工作。最後精神耗竭，甚至迷失了人生的方向。這並非危言聳聽，這種現象正是現代人常見的一大問題。

近來除了日本以外，我也接到許多來自歐美和亞洲委託，要我幫忙設計建造「禪庭」。我經手過的庭園設計非常多，包括大樓間隙空間、企業的挑高空間，甚至是天空庭園。

從經濟層面來看，這些無法帶來財富的庭園，終究只是一種無謂的浪費。

不過，人無法生存在沒有一絲無謂浪費的環境中。這道理就像汽車方向盤需要「游隙空間」。少了這種無謂的浪費，人將難以生存。

我們經常可以在社區間看到雜草蔓生、除了碎石以外空無一物的空地。這些場所真的只是浪費嗎？這些或許真的不會帶來任何經濟上的效益。

不過，即便只有一個人也好，只要有人因為這些空地上綻放的花朵而獲得安慰，這個地方對他來說就是美好的存在。

我來回世界各地設計「禪庭」，並非為了宣揚「禪庭」的好。當然也不是為了推行禪的思維。

我設計這些庭園，只是為了提供人們一個找回自己的地方，一個重新針對自己的生活方式和人生，靜靜自我審思的地方。

在每天被忙碌吞噬的日子裡，突然停下腳步，身旁就有個小小的庭園。看著裡頭的石頭砂粒草木，感受到「雖然不知道為什麼，但這真是個舒服的空間」，在那裡度過僅僅幾分鐘的放鬆時間。透過這樣，人會發現一個重要的事實：

「自己並不是靠自己的力量存在，而是像這些草木一樣，是因為其他力量而得以生存。」

一旦領悟到這一點，就能找到人生的答案。雖然辦得到的人只有少數。

人生是什麼？活著又是什麼？每個人都想知道這些答案。然而，這些答案必須花一輩子的時間慢慢去探尋。

換言之，人生就是尋找這些答案的過程。

懂得梳理情緒的人，就擁有順利的人生

懂得梳理情緒的人,就擁有順利的人生 / 枡野俊明作；
賴郁婷譯. – 初版. – 臺北市：春天出版國際, 2019.02
面 ； 公分. – (Better ； 21)
譯自：感情の整理ができる人は、人生うまくいく
ISBN 978-957-741-171-6(平裝)

1.禪宗 2.生活指導

226.65 107019387

感情の整理ができる人は、人生うまくいく

Better 21

作　　者◎枡野俊明
譯　　者◎賴郁婷
總 編 輯◎莊宜勳
主　　編◎鍾靈
出 版 者◎春天出版國際文化有限公司
地　　址◎台北市信義路四段458號3樓
電　　話◎02-7718-0898
傳　　真◎02-7718-2388
E－mail◎frank.spring@msa.hinet.net
網　　址◎http://www.bookspring.com.tw
部 落 格◎http://blog.pixnet.net/bookspring
郵政帳號◎19705538
戶　　名◎春天出版國際文化有限公司
法律顧問◎蕭顯忠律師事務所
出版日期◎二〇一九年二月初版
定　　價◎260元

總 經 銷◎楨德圖書事業有限公司
地　　址◎新北市新店區寶興路45巷6弄6號5樓
電　　話◎02-8919-3186
傳　　真◎02-8914-5524
香港總代理◎一代匯集
地　　址◎九龍旺角塘尾道64號 龍駒企業大廈10 B&D室
電　　話◎852-2783-8102
傳　　真◎852-2396-0050

ISBN 978-957-741-171-6